AF222942

Katrin Anna Gruber

Innovation trifft Virtuelle Realität

Das Potential der VR-Technologie
zur Optimierung von
Produktentwicklungsprozessen
durch die Integration
von Virtuellen Prototypen

disserta
Verlag

Gruber, Katrin Anna: Innovation trifft Virtuelle Realität: Das Potential der VR-Technologie zur Optimierung von Produktentwicklungsprozessen durch die Integration von Virtuellen Prototypen. Hamburg, disserta Verlag, 2015

Buch-ISBN: 978-3-95935-026-6
PDF-eBook-ISBN: 978-3-95935-027-3
Druck/Herstellung: disserta Verlag, Hamburg, 2015
Covermotiv: © Uladzimir Bakunovich – Fotolia.com

Bibliografische Information der Deutschen Nationalbibliothek:
Die Deutsche Nationalbibliothek verzeichnet diese Publikation in der Deutschen Nationalbibliografie; detaillierte bibliografische Daten sind im Internet über http://dnb.d-nb.de abrufbar.

Das Werk einschließlich aller seiner Teile ist urheberrechtlich geschützt. Jede Verwertung außerhalb der Grenzen des Urheberrechtsgesetzes ist ohne Zustimmung des Verlages unzulässig und strafbar. Dies gilt insbesondere für Vervielfältigungen, Übersetzungen, Mikroverfilmungen und die Einspeicherung und Bearbeitung in elektronischen Systemen.

Die Wiedergabe von Gebrauchsnamen, Handelsnamen, Warenbezeichnungen usw. in diesem Werk berechtigt auch ohne besondere Kennzeichnung nicht zu der Annahme, dass solche Namen im Sinne der Warenzeichen- und Markenschutz-Gesetzgebung als frei zu betrachten wären und daher von jedermann benutzt werden dürften.

Die Informationen in diesem Werk wurden mit Sorgfalt erarbeitet. Dennoch können Fehler nicht vollständig ausgeschlossen werden und die Diplomica Verlag GmbH, die Autoren oder Übersetzer übernehmen keine juristische Verantwortung oder irgendeine Haftung für evtl. verbliebene fehlerhafte Angaben und deren Folgen.

Alle Rechte vorbehalten

© disserta Verlag, Imprint der Diplomica Verlag GmbH
Hermannstal 119k, 22119 Hamburg
http://www.disserta-verlag.de, Hamburg 2015
Printed in Germany

Zusammenfassung

Um auf dem globalen Markt konkurrenzfähig zu bleiben, sind Unternehmen angetrieben ihren Produktentwicklungsprozess stetig zu verbessern und zu beschleunigen. Dann führt Innovation auch zu nachhaltigem Erfolg. Der Einsatz virtueller interaktiver Technologien ist in heutigen Produktionsumgebungen ein unverzichtbares Entwicklungs- und Evaluierungswerkzeug zur Gestaltung effektiver und effizienter Produktionsprozesse (Sturm, 2009). In diesem Kontext kommen virtuelle Prototypen in Form von dreidimensionalen (3D-) Modellen und Simulationen als kostengünstige Alternative zum Bau von physikalischen Prototypen oder Mockups verstärkt zum Einsatz. Seit einiger Zeit ergänzen und ersetzen Anwendungen der computervermittelten Realität, insbesondere virtuelle Prototypen, in vielen Industriebranchen die Produktionsschritte zwischen Konstruktion und Fertigung neuer Produkte. Intention vorliegenden Buches ist es, das enorme Potential dieser Technologie für den Yacht- und Schiffbau aufzuzeigen und anhand der Entwicklung einer immersiven, dynamischen Umgebung für die interaktive Visualisierung eines virtuellen 3D-Yachtmodells praktisch zu verdeutlichen. Es soll ein rekonfigurierbarer, flexibler Ansatz geschaffen werden, 3D-Boot- und Yachtmodelle in einer voll-immersiven Head Mounted Display-Umgebung real explorierbar zu machen. Nach der Evaluation der Anforderungen für eine realistische Simulation und anschliessender Einführung in Funktionsweise und Eigenschaften der verwendeten Software wird die Implementierung einer virtuellen Realität unter Verwendung der Game Engine *Unity3D* dokumentiert.

Inhaltsverzeichnis

Abkürzungsverzeichnis

A API .... Application Programming Interface

C CAVE .... Cave Automatic Virtual Environment
   CPU .... Central Processing Unit
   C# .... C Sharp

D 3D .... Dreidimensional

E EPE .... Ellipsoid Particle Emitter

F FFT .... Fast Fourier Transformation
   FPC .... First Person Controller
   FPS .... Frames Per Second

G GPU .... Graphics Processing Unit
   GUI .... Graphical User Interface

H HMD .... Head Mounted Display

M MIT .... Massachusetts Institute of Technology

V VR .... Virtual Reality

1 Einleitung

„V [irtual] R [eality] is now really real" (Brooks Jr, 1999, S. 16).

Virtual Reality (d. Virtuelle Realität) entstand als ein Teilbereich der Mensch-Maschine-Kommunikation und deren Anwendungen in den 80er Jahren des letzten Jahrhunderts. Doch erst durch die rasante Entwicklung der Computertechnologie in den vergangenen Jahrzehnten, ist die Vision der Virtuellen Realität (VR) jetzt erlebbare Wirklichkeit (McLellan, 1996). Der Wissenschaftler und MIT[1]-Absolvent *Ivan E. Sutherland* stellte bereits 1965 in "The Ultimate Display" seine Vision eines VR-Systems dar. Er beschrieb den Computerbildschirm als ein Fenster, durch das die virtuelle Welt erblickt wird. Besondere Herausforderung der Computergrafik ist es diese virtuelle Welt real aussehen, klingen und in Echtzeit handeln zu lassen. Dabei sollen so viele Sinne wie möglich angesprochen werden (Sutherland, 1965). Sutherland sagte voraus, dass die Computerwissenschaft früher oder später im Stande sein wird durch virtuelle Erfahrungen die Sinne zu überzeugen. Mit der Erfindung des Head Mounted Displays, einer Datenbrille zur Visualisierung dreidimensionaler Umgebungen, brachte *Sutherland* die VR-Entwicklung entscheidend voran (McLellan, 1996). So bezeichnet Virtual Reality eine Technologie, die versucht, dem Benutzer eine vollständige Immersion in einer interaktiven computergenerierten Umwelt zu bieten (Steurer, 1996). Dabei beschreibt das Konzept der Immersion das Eintauchen in die virtuelle Realität. Wie stark ein Individuum in die dargestellten Inhalte eines digitalen Mediums eintaucht, hängt davon ab wie viele Sinne durch das Medium stimuliert werden und wie realistisch diese Eindrücke sind (Butz, Malaka & Hußmann, 2009). Der Filmtheoretiker *Bela Balazs* beschrieb 1938 in einem Text Immersion als das Eintauchen in eine künstliche Welt durch Auflösung der räumlichen Grenzen (Balazs, 1938). *Balazs* prägte diese Bezeichnung aus Sicht der damaligen Medienerlebnisse Film, Theater und Oper (Stapelkamp, 2010). In Bezug auf das Medium digitaler Film fördern beispielsweise eine hochwertige Bild- und Tonqualität das Immersionserleben. Dennoch bleibt der Rezipient als Betrachter des Films passiv, er kann sich nicht bewegen beziehungsweise mit dem digitalen Inhalt interagieren. In der Virtuellen Realität will man diese Grenzen durchbrechen und es den Nutzern ermöglichen sich frei in einer Szene zu bewegen (Butz et al., 2009). Immersion ist eng verknüpft mit dem Begriff Präsenz (engl. Presence). Nach *Slater & Wilbur* (1997) bezeichnet Presence das psychische, subjektive Erleben, sich innerhalb der virtuellen Umgebung zu befinden ("being there"). Immersion beschreibt die mediale Qualität des technischen Systems, die von außen auf den Nutzer einwirkt und durch die Sinnesorgane wahrgenommen wird. Das Präsenzerleben setzt demnach die technische Realisierung von Immersion als notwendig voraus (Slater & Wilbur, 1997).

---

[1]Massachusetts Institute of Technology; http://web.mit.edu

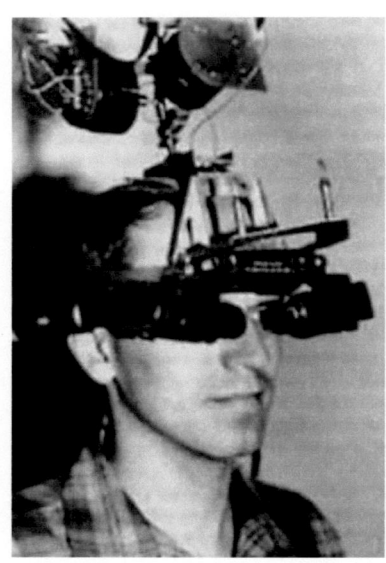

Abbildung 1.1: Ivan E. Sutherland, Head Mounted Display, 1968[1]

1.1 Motivation

Neueste Entwicklungen im Bereich der Informations- und Kommunikationstechnologien zeigen ein immer stärkeres Zusammenwachsen der realen Welt mit virtuellen Umgebungen. War dies in jüngster Vergangenheit wenigen Forschern vorbehalten, so bringen mittlerweile Entwicklungen wie das *Google Glass*[2] oder das *Oculus Rift*[3] virtuelle Umgebungen und Immersionserleben in unseren Alltag. Der zunehmende globale Wettbewerb bringt viele Unternehmen bei der Entwicklung neuer Produkte an Ihre Grenzen. Zudem wird es für Unternehmen zunehmend schwieriger die Kundennachfragen zu erfüllen und konkurrenzfähig zu bleiben. Der Zeit- und Kostendruck in der Produktentwicklung zwingt die Unternehmen dazu sich neuen, aufstrebenden Technologien zuzuwenden (Sturm, 2009).

---

[1]http://www.w2vr.com/timeline/16_Ultimate.jpg; Zugriff: 22.04.2014
[2]Datenbrille der Firma Google; http://www.google.com/glass/start/
[3]Head Mounted Display der Firma Oculus VR; http://www.oculusvr.com

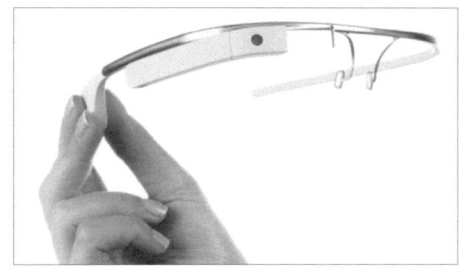

Abbildung 1.2: Google Glass[1]   Abbildung 1.3: Oculus Rift[2]

Beispiele für visuelle Ausgabegeräte

An dieser Stelle verfügt die VR-Technologie über enormes Potential zur problemlösenden, kostensparenden, innovativen und erfolgreichen Anwendung in verschiedensten Bereichen der Produktionstechnik (Mujber, Szecsi & Hashmi, 2004). VR erobert neben Anwendungsgebieten wie der Wissenschaft, Medizin, Psychologie, Architektur und dem Bildungswesen verstärkt den Bereich der Produktentwicklung und -fertigung im Rahmen des *Virtual Prototyping*. Dabei werden Aussehen und Eigenschaften eines physikalischen Modells durch Computer virtuell simuliert. In dessen Kontext werden virtuelle Prototypen bereits seit Jahren eingesetzt und ergänzen darüber hinaus die klassische Vorgehensweise des Baus von physikalischen Modellen nicht nur, sondern erweitern die Produkttentwicklung als digitale Entwicklungs- und Evaluierungswerkzeuge in gewinnbringendem, stetig wachsenden Umfang (Sturm, 2009). *Thomas Reiber*, Geschäftsführer von *IC.IDO*[3], Pionier und global führender Anbieter von Virtual Reality und Virtual Engineering Lösungen, erklärt und verdeutlicht, dass die VR-Technik durch neue, speziell auf die Bedürfnisse der Industrie angepasste Funktionen nun vor einer breiten industriellen Anwendung steht. In Folge der rasanten Entwicklung der VR-Technologie, erkennen nun immer mehr Unternehmen das Potential des VR-Einsatzes und die damit verbundenen Wettbewerbsvorteile (Daemisch, o. J.). Zur visuellen Darstellung virtueller Szenen kommen VR-Systeme in Form von dreidimensionalen Modellen im Desktop-Bereich bis hin zu voll immersiven Projektionssystemen zum Einsatz. Mittels Head Mounted Displays (HMD) oder Caves, Installationen, die mit Projektionen um den Nutzer herum eine virtuelle Szene aufbauen, kann das Eintauchen in virtuelle Realtäten ermöglicht werden (Brooks Jr, 1999).

---

[1]http://www.kurzweilai.net/images/google_glass.jpg; Zugriff: 22.04.14
[2]http://blogs-images.forbes.com/erikkain/files/2014/03/OculusRift1.jpg; Zugriff: 22.04.14
[3]http://www.icido.de/en/Company/pressreleases/pressereleases.php?we_objectID=26

Abbildung 1.4: CAVE-Umgebungen zur Projektion virtueller Realität [1]

In vielen Industriebranchen ist die Technologie der computervermittelten Realität wichtiger Bestandteil des Entwicklungs- und Produktionsprozesses geworden. Auf diese Weise ist es möglich, trotz der heutigen Anforderungen einer individualisierten aber auch flexibilisierten Großserienproduktion, Beschäftigte, Kunden sowie Geschäftspartner in den Entwicklungsprozess miteinzubeziehen und deren Input gewinnbringend zu nutzen (Mujber et al., 2004). Prototypen können in den verschiedenen Stadien des Produktionsprozesses virtuell exploriert, erkundet und getestet werden. Geringere Erstellungskosten der virtuellen gegenüber den physikalischen Prototypen und ein enormer Informationsgewinn in frühen Stadien der Entwicklung eines Produktes sind nur zwei der Vorteile des Einsatzes computervermittelter Realität.

---

[1]http://www.christiedigital.com/img/In-Page%20Images/Corporate/News%20Room/2010%20Releases/ Christie%20Fosters%20Collaboration%20and%20Innovation%20at%20Communitech%20Hub/Communit ech-Hub-Advanced-Visualization-3D-Cave-Image-1.jpg; Zugriff: 21.04.14
http://www.visbox.com/imgs/CAVE.jpg; Zugriff: 21.04.14

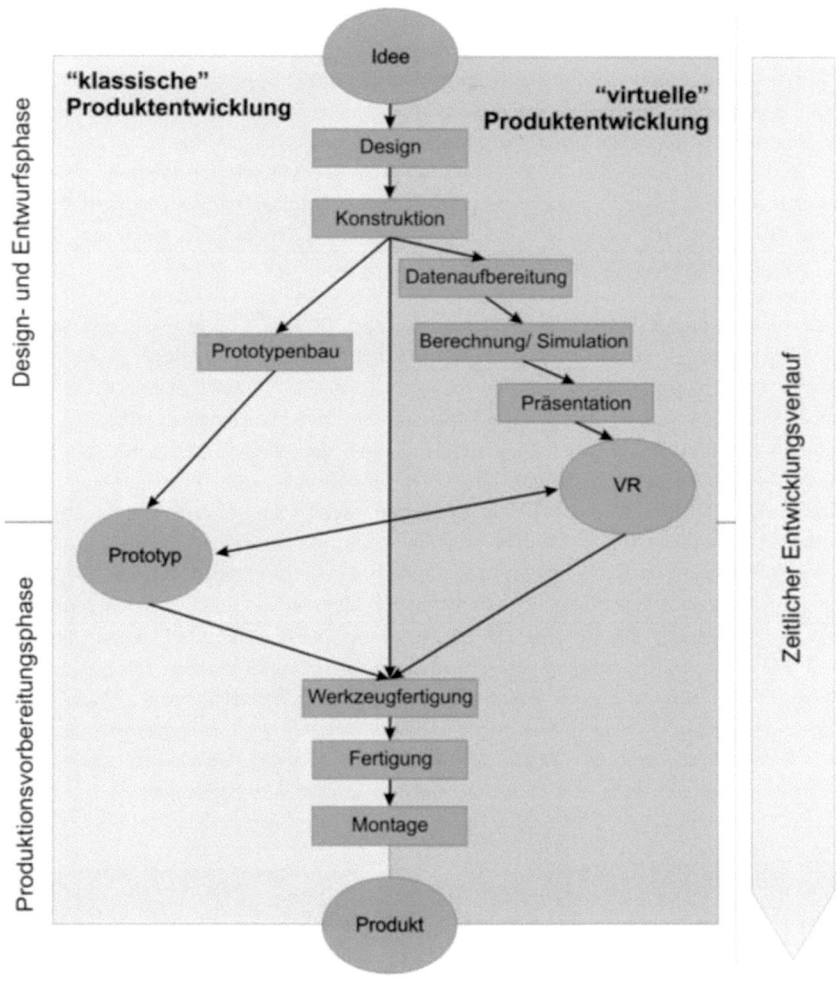

Abbildung 1.5: Vergleich Klassische und Virtuelle Produktentwicklung[1]

[1]https://www.rtejournal.de/ausgabe4/1160; Zugriff: 22.04.14

Das Potential der VR-Technologie ist unübersehbar. Dennoch gibt es Bereiche, in denen VR-Umgebungen noch unbekanntes Terrain darstellen. Im Yacht- und Schiffbau kommen neben physikalischen Prototypen viele digitale Entwicklungs- und Designanwendungen zum Einsatz, allerdings sind Technologien der Virtual Reality bislang noch ungenutzt. Gerade hier bietet die VR-Technik zahlreiche Möglichkeiten den Produktionsprozess positiv zu verändern und letzten Endes für Kunden und das Unternehmen neue Wege zu eröffnen. Virtuelle Prototypen, die mit realen Bewegungen und realistischen Sinneseindrücken exploriert werden können, steigern Möglichkeiten der Entwicklung und der Evaluation. Die Erstellung eines 3D-Modells ist nicht nur überwiegend kostengünstiger, sondern überzeugt durch die Eigenschaft schnell an aufkommende Anforderungen angepasst werden zu können, was bei physikalischen Modellen mit enorm höheren Zeit- und Kostenaufwand verbunden ist (Mujber et al., 2004). Vor allem im Yacht- und Schiffbau beziehen sich wichtige Designentscheidungen auf die Wahrnehmung von Raum, Größe und Bewegung. Hier bietet Virtual Reality zukunftsorientierte Anwendungsmöglichkeiten, wobei integrierte, flexible und rekonfigurierbare Ansätze für die Produktentwicklung entstehen. Neben der Visualisierung des Modells, das für Designentscheidungen grundlegend und notwendig ist, ergeben sich durch Navigation und Interaktion mit dem 3D-Modell neue Perspektiven, die für die Produktentwicklung bedeutend sind. Beispielsweise kann der Nutzer (engl. User) Inventar verschiedenartig anordnen und verändern. Auch in Bezug auf Kosten und Aufwand, die mit dem Bau und der Nutzung physikalischer Prototypen verbunden sind, ergeben sich mit der Verwendung virtueller Entwicklungen kostensparende Vorteile. So kann bereits vor der Anfertigung eines physikalischen Prototypen am virtuellen Modell ausgiebig evaluiert und angepasst werden (Mujber et al., 2004). Ohne Einschränkung können beispielsweise verschiedene Designentscheidungen umgesetzt werden ohne aufgrund finanzieller Einschränkung frühzeitig eine spezielle Richtung einschlagen zu müssen. Komplexe Designkomponenten können flexibler organisiert und integriert werden. Das somit erhöhte Maß an Kreativität, Entwicklungsfreiheit und erweiterten Testmöglichkeiten ist ein bedeutender Bestandteil des innovativen Fortschritts.

Abbildung 1.6: Physikalisches Mockup zur realen Begehung[1]

Abbildung 1.7: Virtuelles 3D-Modell[2]

[1] http://yachtingworld.media.ipcdigital.co.uk/9097/000007a73/a848/VOR-build-two.jpg; Zugriff: 22.04.14
[2] http://www.3dit.de/media/thumbs/product-configurators/yacht.png; Zugriff: 22.04.14

Dieses Buch beschreibt ein Projekt, welches das Potential der VR-Technologie für den Yacht- und Schiffbau aufzeigt. Mittels spezieller Software wird eine virtuelle Welt entwickelt, innerhalb dieser der Nutzer ein dreidimensionales Modell einer Yacht interaktiv begehen kann. Ziel ist es den User in diese virtuelle Realität vollständig eintauchen zu lassen. Durch reale Bewegungen wie Gehen kann er sich auf der Yacht frei bewegen und sie erkunden. Von der virtuellen Umgebung ausgehende äußere Sinneseindrücke sollen dem User das Gefühl vermitteln sich auf dieser Yacht, die wiederum mit der virtuellen Wasser- und Inselumgebung interagiert und so den Grad der Immersion erhöht, zu befinden. Dynamisches, durch Tastendruck veränderbares Wetter sowie darauf angepasste Audiosequenzen wirken zusätzlich auf das Realitätsempfinden. Die menschlichen Sinnessysteme sollen so natürlich wie möglich angesprochen werden. Ohne physikalische Grenzen oder Gefahren kann die virtuelle Welt interaktiv erforscht werden. Als Produktentwickler oder auch als Kunde generiert der User durch diese virtuelle Erfahrung wichtige Informationen, die in zukünftige Schritte der Entwicklung integriert und effizient verarbeitet werden können. Einerseits wird so die Übertragbarkeit von Änderungsvorschlägen von Endkunden verbessert, andererseits werden die Phasen der Produktentwicklung durch die Integration konfigurierbarer, anpassungsfähiger virtueller Prototypen in eventueller Kombination mit der Verwendung physikalischer Prototypen optimiert.

1.2 Problemstellung

Die Entwicklung einer interaktiven virtuellen Umgebung stellt im Allgemeinen hohe Anforderungen an die Hardwareressourcen und das Grafiksystem. Eine Grundvoraussetzung für die immersive Inter-aktion mit der virtuellen Umgebung ist die Echtzeit-Darstellung, die außerordentliche Rechenleistung erfordert (Beier, 2000). Die Visualisierung einer dynamischen 3D-Welt, die in Echtzeit berechnet und angezeigt wird, steht somit der performanten, visuell ansprechenden Ausgabe gegenüber. Die detailreiche Darstellung der Inhalte einer virtuellen Umgebung erfordert die Verwendung hochaufgelöster Polygonnetze (engl. Meshes) und Texturen. Die Anzahl der Polygone ist ein kritischer Faktor für jede VR-Anwendung, denn dieser bestimmt die Rechengeschwindigkeit. Für das Rendern in Echtzeit müssen mindestens 20 bis 30 Bilder pro Sekunde (engl. Frames Per Second) berechnet werden (Brooks Jr, 1999). Das bedeutet je höher die Auflösung, desto höher auch die Rechenlast und umso leistungsfähiger muss auch die Hardware sein. Für die Computergrafik ist die dynamische Simulation eine sehr anspruchsvolle Thematik, da die jeweiligen 3D-Objekte, wie eingangs erwähnt, in Echtzeit bewegt werden müssen (Chen, 2013). Das Rendern von dynamischen Elemente wie eines Wellen generierenden Ozeans mit Reflexion und Refraktion oder verschiedener Wetterzyklen, erfordert die Ausstattung mit spezieller Grafikhardware. Die Qualität einer Simulation wird unter Anderem durch den visuellen Effekt bestimmt, wie realistisch die Simulation verglichen mit der realen Welt ist. Da in einer 3D-Szene zur gleichen Zeit viele optisch hochwertige, dynamische Inhalte gerendert werden müssen, sind die Leistungsgrenzen der Hardware schnell erreicht. Zur Erhaltung der Performanz können nicht alle Objekte derart detailreich gestaltet werden. Beispielsweise müssen Ressourcen freigehalten werden, um das höher aufgelöste 3D-Modell, das virtuell begehbar sein soll, entsprechend detailgenau darstellen zu können.

Die Detailgenauigkeit, sowie die realitätsnahe Abbildung sind hier nicht nur für das Immersionserleben besonders wichtig, sondern auch für die Nutzung der VR-Simulation im Produktionsprozess. Um die virtuelle Geometrie erleben und mit dieser interagieren zu können, muss die virtuelle Welt außerdem mit Informationen, die das Aussehen und Verhalten der Objekte innerhalb der VR, also die Farben, Reflexionseigenschaften, Texturen, Beleuchtungsumgebung, Animationen, Interaktionen, Geräusche sowie Verhalten und Funktionsweisen beschreiben, vervollständigt werden (Beier, 2000). Rendering Engines wurden über die Zeit erheblich verbessert, sodass die Komplexität einer virtuellen Welt selten durch die Technologie im Allgemeinen limitiert wird, sondern durch die Kosten dieser Technologie. Folglich ist die visuelle Approximation in diesem Projekt auch im Hinblick auf diese Thematik zu beurteilen. Zusammenfassend lässt sich sagen, dass die Entwicklung einer virtuellen Realität mit dynamischen Inhalten und der Möglichkeit zur Interaktion eine arbeits- und zeitintensive Herausforderung ist, die viele unterschiedliche Disziplinen vereint. Im weiteren Verlauf werden diese erläutert.

1.3 Zielsetzung

Ziel dieses Buches ist ein konzeptioneller Ansatz zur Erstellung interaktiver Umgebungen zur Visualisierung und Simulation von virtuellen Booten und Yachten. Das Potential und die Einsatzmöglichkeiten virtueller Prototypen im Schiff- und Yachtbau sollen schließlich klar werden. Die Implementierung verschiedener dynamischer Elemente zur realitätsnahen Simulation wird veranschaulicht. Dabei steht die immersionsunterstützende Erreichung hoher optischer Qualität in Echtzeit-Darstellung im Vordergrund. Hierzu werden zuerst die Anforderungen der dynamischen Szeneninhalte unter Berücksichtigung der Performance evaluiert und innerhalb der Entwicklungsumgebung *Unity3D* prototypisch implementiert. Eine hohe realistische Approximation des Verhaltens der dargestellten Umgebung sowie die Interaktion mit dem 3D-Modell, soll dem User das Eintauchen in die virtuelle Realität ermöglichen. In Anlehnung an *Murray* ist das [ultimative] Ziel ein Zustand, in dem der Spieler Realiät nicht von virtueller Realität unterscheiden kann (Murray, 1997). Die softwaretechnische Realisierung auf Basis der kostenfreien Version der Game Engine *Unity3D* soll exemplarisch vermitteln, welche Thematiken bei der Entwicklung einer interaktiven Yacht-Simulation zum Tragen kommen und wie diese erfasst werden können. Sie soll Limitierungen herausarbeiten und die zur Weiterentwicklung erforderlichen Fähigkeiten und Kenntnisse aufzeigen.

1.4 Organisation der Arbeit

In Kapitel 2 wird zunächst auf die Anforderungen an die Visualisierung der darzustellenden Szeneninhalte eingegangen. Es werden mögliche Ansätze zur Simulation vorgestellt und die Bedeutung der Immersion in diesem Kontext aufgezeigt. Anschließend wird in Kapitel 3 die Game Engine *Unity3D*, die Programminhalte und die Funktionsweise erklärt. Das Kapitel 4 dokumentiert daraufhin die Implementierung der Elemente

- Island
- Ocean
- Yacht
- Audio
- Player
- Animation
- Weather

sowie die Anpassung zur finalen Nutzung mit dem *Oculus Rift*. Danach werden in Kapitel 5 die wesentlichen Aspekte dieses Projektes zusammengefasst und Möglichkeiten zur Optimierung und Weiterentwicklung angesprochen.

1.5 Was nicht behandelt wird

Dieses Buch dokumentiert die Entwicklung einer interaktiven, virtuellen Umgebung, die verschiedene dynamische Elemente vereint. Eine Insel mit Vegetation, einen offenen Ozean mit variabler Wellenstärke, eine animierte Yacht sowie dynamisches Wetter, das durch User Input (Benutzereingabe) beeinflusst werden kann. Jedes dieser Elemente weist eine eigene Geometrie auf, besitzt unterschiedliche Eigenschaften und Verhaltensweisen, die in der finalen Szene bis ins Detail aufeinander angepasst und abgestimmt werden müssen. Die Thematiken und Problemstellungen, die dabei zum Tragen kommen, bilden bereits gesondert überwiegend komplexe Aufgabenfelder und einen Ansatz zur tiefergehenden Betrachtung und Bearbeitung in künftigen Arbeiten. Aufgrund dieses interdisziplinären Charakters können nicht alle Themengebiete vollumfänglich bearbeitet werden. Einige Bereiche werden daher nur einführend behandelt oder angerissen. Im praktischen Teil der Visualisierung des Projektes liegt das Hauptaugenmerk auf der Erstellung und funktionsfähigen Verbindung der dynamischen Szenenelemente. Besonderheiten wie das Verhalten der Wellen am Strand oder die Schaumbildung bei starkem Wellengang werden nicht berücksichtigt. Alle vorgenommenen Einstellungen, zum Beispiel zur Darstellung der Wetterereignisse, zeigen nur Einstellungsmöglichkeiten und können je nach Anforderung verändert und weitergehend angepasst werden. An einigen Stellen wird C# Script Code eingebunden, der inhaltlich erläutert wird. So sollen die Funktionsweise und Zusammenhänge verdeutlicht werden. Das technische Verständnis zur Editierung von Script Code wird vorausgesetzt.

2 Anforderungen an die Visualisierung

Umfangreiche Programmierkenntnisse sowie Hardwarekomponenten mit entsprechend gut dimensionierter Rechenleistung vorausgesetzt, stellt die immersive Visualisierung von virtuellen Booten und Yachten zahlreiche Anforderungen an die Dynamik und Interaktivität. Eine visuell ansprechende Approximation an reale Phänomene in einer virtuellen Welt erfordert neben der fotorealistischen Darstellung der Szenenobjekte auch die Berücksichtigung und Übertragung physikalischer Aspekte und Gesetzmäßigkeiten der realen in die virtuelle Welt. So müssen bei der Entwicklung bestimmte Verhaltensweisen und Kräfte in Bezug auf Bewegung, Kollision und Deformation von Festkörpern, Partikeln und Flüssigkeiten berücksichtigt werden. Szenenobjekte werden mit Eigenschaften wie zum Beispiel der Schwerkraft ausgestattet, um das Verhalten in der Realität nachzuempfinden. Die fotorealistische Darstellung erfordert außerdem eine visuell plausible Beleuchtung und Schattierung der Szenenelemente. Zur Vervollständigung der virtuellen Umgebung und den wirkungsvollen Einfluss auf das Präsenzerleben ist die Einbindung von Audioelementen unumgänglich. Denn verräumlichter Sound führt, in Anlehnung an Slater & Wilbur, zu einem höheren Präsenzerleben (Slater & Wilbur, 1997).

2.1 Visualisierung Wetter

Die Diskussion unter Spieleentwicklern, Theoretikern und Kritikern um die Frage welche Merkmale besonders wichtig bei der Entwicklung einer realistischen virtuellen Welt sind, fördert überwiegend die Antworten Grafik und Animation zu Tage. Eine überzeugende Wettersimulation wirkt aber nicht nur besonders realistisch durch die hochwertige grafische Erscheinung. Die dynamische Simulation macht die virtuelle Szene grundlegend "echter", denn sie bietet eine weniger vorhersehbare und dadurch fesselndere Erfahrung für den Nutzer. So kann die Illusion mehr Tiefe erreichen. Wetterszenarien wie Donner, Wind, animierte Wolken unterstützen die Wirkung der VR als lebendige, interaktiv erfahrbare Welt (Barton, 2008). Die Anforderungen an die Visualisierung des Wetters liegen unter Anderem in der dynamischen und optischen Erscheinung der Wetterelemente. Das Wetter mit unterschiedlichen Ausprägungen soll realen Wetterereignissen gleichen. Zur Bildung des Wetters müssen verschiedene Wettersituationen zur gleichen Zeit entstehen und ineinander übergleiten. Ein Tag-/Nachtzyklus soll mit definierter Geschwindigkeit den Einsatz des Sonnenunter- und Sonnenaufgangs steuern und die Stärke der Beleuchtung in Abhängigkeit der Tageszeit verändern. Dabei muss das Element Licht stimmig eingesetzt werden. Der Horizont soll sich in Farbe und Beleuchtungsintensität dem Wetterereignis anpassen.

Animierte Wolkenpartikel in variierender Anzahl und Größe, Wasserpartikel und Soundelemente sind wichtige dynamische Bestandteile der unterschiedlichen Wetterereignisse von klar und sonnig über bewölkt, regnerisch bis zum Unwetter mit Blitz und Donner, die aufeinander angepasst werden müssen. Die Eigenschaften des Wetters (Stärke, Geschwindigkeit, Dauer) lassen sich individuell festlegen. Um Wetterphäomene realistisch darzustellen, ist es wichtig die Entwicklung des Wetters zu erkennen. Die Wolken sollen in Echtzeit passend zum Wetterzustand generiert werden (fade-in/ease-out) und sich, je nach Windstärke, schneller oder langsamer am Himmel bewegen. Die Komplexität von Wetterphänomenen erfordert komplexe Algorithmen für die hinreichend ansprechende Simulation. Die Entwicklung eines zusammenhängenden, realistischen Wettersystems wird unter Verwendung von *UniSky*, einem Tool von *Six Times Nothing* [1] zur Entwicklung visueller Effekte realisiert. Auf Basis eines Application Programming Interface [2] (API), einer Programmierschnittstelle, ermöglicht dieses Tool die einzelnen Wetterelemente gezielt über Scripte anzusteuern. Diese Verbindung der Softwarekomponenten steigert die Modularität und verringert die Gesamtkomplexität [3]

2.2 Dynamisches Wasser

Jeden Tag kommt der Mensch in Kontakt mit Wasser. Im täglichen Leben unverzichtbar und allgegenwärtig, stellt die Simulation von Wasser und Flüssigkeiten aufgrund seiner komplexen Dynamik eine große Herausforderung für die Computergrafik dar. *Jeffrey Katzenberg*, Produzent des Animationsfilms "Shrek" antwortete auf die Frage was die größte Herausforderung des Films war, dem sich das Computergrafik-Team gegenüber sah:

„It' s the pouring of milk into a glass" (Hiltzik & Pham, 2001, S. 2).

Die Problematik der Wassersimulation in der Computergrafik besteht in der hohen Komplexität der Eigenschaften von Wasser bzw. Flüssigkeiten. Die Schwierigkeiten bestehen in der Repräsentation der dreidimensionalen Strömungseigenschaften, der Dynamik der Oberfläche und einer Vielzahl optischer Materialeigenschaften. Um einen realistischen Eindruck zu vermitteln, gilt es diese Schwerpunkte bei der Repräsentation zu berücksichtigen. Die realitätsnahe Animation unter Berücksichtigung der genannten Komponenten ist rechentechnisch kostenintensiv und in der Regel nicht in Echtzeit realisierbar (Cords, 2009). Daher erfolgt die realistische Darstellung dynamischen Wassers in virtuellen Umgebungen mit approximativen Methoden, die das physikalische Verhalten von Wasser mittels komplexer Algorithmen nachempfinden. Aber auch die realitätsnahe Approximation geht mit entsprechend hohen Anforderungen an die Hardwarekomponenten einher. Um dennoch überzeugende Ergebnisse in interaktiven Umgebungen zu erhalten, muss ein Kompromiss zwischen der Qualität der Simulation und der Peformanz eingegangen werden.

---

[1] http://www.sixtimesnothing.com
[2] http://www.itwissen.info/definition/lexikon/application-programming-interface-API-
Programmierschnittstelle.html; Zugriff: 22.04.14
[3] http://www.gruenderszene.de/it/web-apis-ein-nicht-technischer-erklarungsversuch; Zugriff: 22.04.14

Zu beachten ist außerdem, dass realistische Ergebnisse neben der physikalisch-basierten Simulation die gleichzeitige Darstellung der individuellen, optischen Eigenschaften von Wasser erfordern. Nur die Berechnung in Echtzeit, mit einer Bildwiederholrate von mindestens 25 Frames Per Second (Brooks Jr, 1999) wird der Dynamik des Wassers gerecht und ermöglicht die virtuelle Interaktion (Liebmann, 2013). Eine große dynamische Wasserfläche, wie zum Beispiel ein Ozean, ist durch permanente Veränderung der Oberfläche (Wellenbewegungen) und bestimmte optische Eigenschaften im Hinblick auf die Reflexion, Brechung und Absorption von Lichtstrahlen definiert (Cords, 2009). Im Rahmen dieses Buches soll eine realistische und performante Simulation eines Ozeans mit Objekt-Interaktion (Boot/Yacht) realisiert werden. Neben der visuell ansprechenden Darstellung unter approximativer Implementierung der optischen Effekte Reflexion und Brechung, sollen Wellen generiert werden, deren Ausprägungen veränderbar sind. Die charakteristischen Wellenbewegungen müssen auf Basis spezieller Algorithmen berechnet werden. Dabei ist zu beachten welcher Wellentyp dargestellt werden soll. So werden Wassereffekte oder ruhige, flächig begrenzte Wasserflächen auf Basis anderer Techniken simuliert als ein offener, sich unendlich erstreckender Ozean mit stürmischen Wellengang. Das bedeutet eine einzige Repräsentationsmethode genügt nicht den Anforderungen einer interaktiven Umgebung. Die Simulation soll letztlich das Realitäts- und Immersionsempfinden des Users positiv beeinflussen. Zur Wassersimulation existieren verschiedene Ansätze. Den zahlreichen wissenschaftlich-technischen Ansätzen gehen langjährige Forschungen voraus. Die Ergebnisse und die hervorgebrachten Methoden unterliegen der fortlaufenden Weiterentwicklung. Umfangreiche physikalische und computertechnische Kenntnisse sind notwendig, um diese Entwicklungen voranzutreiben. Im Anschluss wird eine kurzer Überblick in grundlegende Methoden zur Berechnung von Wellen und der realistischen Darstellung in der Computergrafik gegeben.

Navier Stokes   Physikalisch korrektes Strömungsverhalten in Flüssigkeiten kann durch Navier-Stokes Gleichungen beschrieben werden. Dieser Ansatz eignet sich für ein begrenztes Wasservolumen (Enright, Marschner & Fedkiw, 2002). Die Simulation eines offenen Ozeans auf Grundlage von Navier-Stokes Gleichungen würde die verfügbaren Rechenkapazitäten weit überschreiten und ist daher nicht für interaktive Anwendungen geeignet (Tessendorf, 2001). Aus diesem Grund wird das physikalische Verhalten von Wasser für virtuelle Umgebungen nachempfunden und physikalisch- basiert simuliert. Die physikalischen Daten zur Wassersimulation benötigen eine Oberfläche für die Darstellung und Anwendung. Die Wahl eines geeigneten Simulationsansatzes bezieht sich auf die dem virtuellen Wasser zugrunde liegende Geometrie, die zuvor festgelegt und verstanden werden muss. In der Computergrafik wird Wasser meist durch ein Mesh repräsentiert, dessen Knotenpunkte (engl. Vertices) durch Funktionen manipuliert werden können. Das heißt die Wasseroberfläche wird durch eine Menge diskreter Netzpunkte repräsentiert (Yeo, Cha & Mun, 2012). Die Simulation eines offenen, unendlichen Ozeans macht den Einsatz eines Meshes mit fest definierter Position und gleichbleibend hoher Auflösung aufgrund der Rechenintensität unmöglich. Das gesamte Wasservolumen muss zu jedem erzeugten Frame abgetastet werden. In interaktiven Umgebungen ist daher ein blickpunktabhängiges Verfahren vorzuziehen. Die Grundidee hierbei ist eine adaptive Simulation in einem definierten Bereich um den Betrachter (Cords, 2009). Diese beinhalten die Generierung eines dynamischen Gitternetzes, dessen Höhe der Auflösung und die Position der höchsten Auflösung in jedem Frame an die Kameraposition und Blickrichtung des Users angepasst wird (Bruneton, Neyret & Holzschuch, 2010). Dies ermöglicht auch die Interaktion einer Yacht mit dem Ozean während der gleichzeitigen Fahrt durch das Wasser.

Sinuswellen   Zur Generierung von Wellenbewegungen eignen sich Sinuswellenfunktionen. Dabei werden Sinusfunktionen auf das Wassermesh angewendet. Mit den Parametern Wellenlänge, Amplitude und Wellenrichtung können die Eigenschaften der Wellen bestimmt werden. Die Überlagerung einer Anzahl dieser Sinuswellen ergibt die Wellenbewegung des Wassers. Da Sinuswellen allerdings eine eher runde Form haben, sind diese für die Darstellung von ruhigem Wellengang geeignet, nicht aber zur Simulation einer aufgewühlten, stürmischen See (Fréchot, 2006). Einzig auf Sinusfunktionen basierende Wellen würden dann unrealistisch wirken.

Abbildung 2.1: Wassersimulation auf Basis von Sinuswellen[1]

Gerstner-Wellen   Bei höherem Wellengang eignet sich die Berechnung von Gerstner-Wellen. In diesem Ansatz wird nicht nur die Höhe der Wasseroberfläche berechnet (vertikale Verschiebung), sondern es werden auch die Gitterpunkte dieser Oberfläche in horizontaler Richtung bewegt. Gerstner-Wellen bestehen aus einer Summe von Sinuswellen. Die Berechnung der Wellenhöhe erfolgt dabei unter der Verwendung einer Cosinus-Funktion (Tessendorf, 2001). Der mit zunehmender Amplitude spitzer zusammenlaufende Wellenberg ergibt den Effekt einer stürmischen Welle.

---

[1]http://jayconrod.com/images/water1.png; Zugriff: 22.04.14

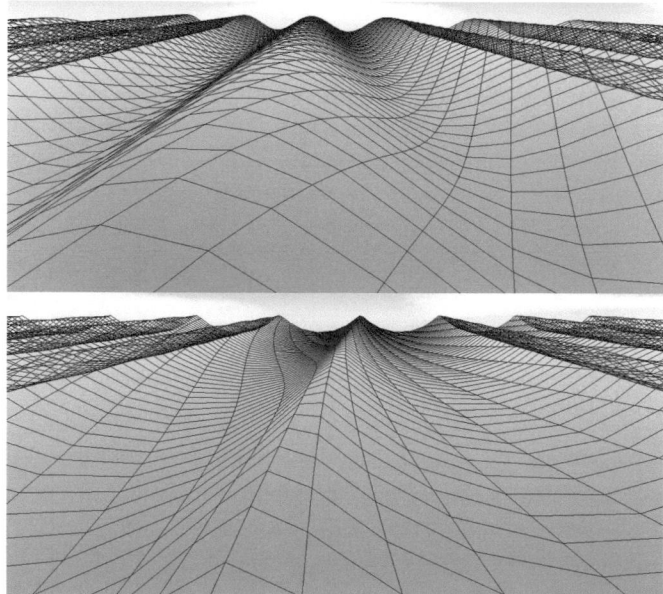

Abbildung 2.2: Vergleich von runden Sinuswellen (oben) und den spitzer zulaufenden Gerstnerwellen (unten) in einer Wireframe-Ansicht[1]

Fast Fourier Transformation   Durch Fourier-Transformationen lassen sich Abtastwerte in Frequenzen überführen. Bei der Wellenberechnung dienen Fourier-Transformationen dazu, um mit in der Realität gemessenen Werten, Wellen hochwertig zu approximieren. Dabei wird die Wellenhöhe in eine Anzahl von Frequenzen übertragen. Zur effizienten Berechnung der einzelnen Höhenwerte aus den Frequenzdaten bietet sich die schnelle Fourier-Transformation (FFT) an.

---

[1]http://www.uni-koblenz.de/ cg/Studienarbeiten/Studienarbeit_TimoWallrath.pdf

Abbildung 2.3: Wassersimulation unter Verwendung eines FFT-Ansatzes zur Wellenberechnung[1]

Optische Approximation Die Qualität der dynamischen Wassersimulation wird nicht nur, wie eingangs beschrieben, durch die Wellenerzeugung, sondern ebenso durch spezielle optische Eigenschaften bedingt. Um Wasser realistisch abzubilden, ist es erforderlich die Interaktion von Licht und Wasser zu erfassen und in der Visualisierung zu verarbeiten (Johanson & Lejdfors, 2004). Auf eine Wasseroberfläche auftreffendes Licht wird zu bestimmten Teilen reflektiert und absorbiert (Tessendorf, 2001). Die visuellen Effekte dieser Interaktion, die Verhältnisse von reflektiertem und gebrochenem Licht, müssen für die hochwertige Darstellung angenähert werden. Das visuelle Erscheinungsbild des Wassers wird darüberhinaus maßgeblich von den verwendeten Shadern bestimmt. Der Fortschritt in der Computergrafik und der Anspruch der performanten Wasserdarstellung legt für interaktive Umgebungen die Verwendung eines Grafikshaders nahe.

Abbildung 2.4: Wassersimulation mit Reflexion und Refraktion[2]

---

[1]http://www.edxgraphics.com/realistic-ocean-scene.html; Zugriff: 22.04.14

[2]Tessendorf, J. (2001). Simulating ocean water. Simulating Nature: Realistic and Interactive Techniques. SIGGRAPH, 1.

2.3 Yachtvisualisierung

Um ein virtuelles Yachtmodell interaktiv zu simulieren, müssen die physikalischen Aspekte dessen Verhaltens in der Interaktion mit den umgebenden Szenenelementen herausgearbeitet werden. Im Detail muss die Auswirkung bei der Fahrt durch das Wasser, ebenso wie das Schwanken und Kippen der Yacht beim Treiben auf dem Ozean simuliert werden. Zusätzlich nimmt die Umgebung Einfluss auf das Verhalten der virtuellen Yacht. So muss berücksichtigt werden, dass ein unruhiger Untergrund, hier der dynamische Ozean, spezielle Auswirkungen auf das Yacht-Modell hat und eine dementsprechende Reaktion hervorruft. Dabei soll die Yacht, physikalisch approximiert, auf den dynamischen Ozean reagieren. Das Treiben (Floating) der Yacht ist ein wichtiger Teil der Simulation im Wasser. Wellen beeinflussen das Verhalten der Yacht auf verschiedene Arten. Sie bringen das virtuelle Modell zum schwanken, kippen, neigen und auftreiben. Für die realitätsnahe Simulation ist es wichtig die Interaktion zwischen Flüssigkeiten und Festkörpern zu studieren, im Besonderen die Effekte, die hier das Wasser auf das schwimmende Objekt hat (Chen, 2013). Dieses evaluierte, physikalische Wissen aus der realen Welt muss in der Folge auf das virtuelle Modell übertragen werden. Durch scriptbasierte Berechnungen wird das Verhalten des virtuellen Modells in Abhängigkeit der Wellendaten berechnet und eine visuell passende Bewegung generiert.

2.4 Immersion

Zur Erreichung eines hohen Immersionsgrades sollen die Sinne des Nutzers auf multimodaler Ebene angesprochen werden. Dabei ist ausschlaggebend wie stark die physikalische Realität ausgeblendet werden kann. Das "Eintauchen" in die computergenerierte Umgebung ist unter Anderem abhängig von

- der Bandbreite der angesprochenen Sinne

- dem eingesetzten Visualisierungssystem (Projektionswand/HMD/CAVE-Umgebung)

- der Qualität, Auflösung, Genauigkeit und dem Inhalt der VR

(Slater & Wilbur, 1997)

Daraus resultiert die Immersion als entscheidendes Qualitätsmerkmal von VR-Systemen (Sturm, 2009). Die Möglichkeit zur Interaktion mit Szeneninhalten ist in Bezug auf den späteren produktionstechnischen Einsatz der VR ausschlaggebend zur ergebnisreichen Evaluation und in der Folge wichtig zur Identifikation von Problemen und der Generierung von Problemlösungen (Mujber et al., 2004). Bezogen auf die Projektszene ist es erforderlich, dass der User sich ohne Einschränkung der Blickrichtung frei in der virtuellen Szene beziehungsweise auf der Yacht bewegen kann. Audiotechnische Elemente (Motorensound) und grafische Effekte (Linsenlichtreflexion etc.) sollen der Szene mehr räumliche Tiefe verleihen, sie optisch aufwerten und damit intensiver erlebbar machen. Die Entwicklung sieht daher die voll-immersive Nutzung mit einem Head Mounted Display vor, um den User in die virtuelle Realität eintauchen zu lassen.

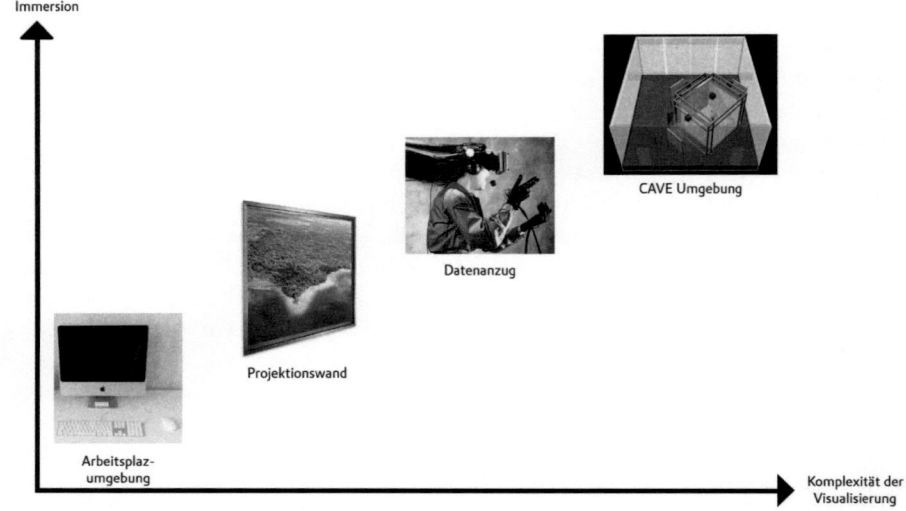

Abbildung 2.5: Visualisierungssysteme unterschiedlicher Immersionsgrade und Komplexität (Sturm, 2009)[1]

2.5 Zusammenfassung

Um eine effiziente Simulation zu erzielen, konzentriert sich die implementierte Methode zur Simulation des Ozeans auf die wichtigste visuelle Erscheinung, die Oberflächenwellen. Dies ermöglicht eine verhältnismäßig detaillierte, ressourcenschonende Simulation in interaktiven Umgebungen. Die Darstellung der optischen Besonderheiten erfolgt unter Verwendung von Approximationen für Lichtreflexion und Lichtbrechung. Besondere Anforderung ist es letztendlich die aufeinander einflussnehmenden Elemente Wasser, Wetter und Yacht funktionsfähig miteinander zu verbinden und die Auswirkungen der aufeinander wirkenden Kräfte visuell erkennbar zu machen. Ziel ist es auf Basis eines im Rahmen dieses Projektes vertretbaren Entwicklungsaufwandes eine ressourcenschonende aber optisch hochwertige Simulation zu entwickeln. Demnach muss erwähnt werden, dass eine Reduktion von Berechnungen unumgänglich ist, um dieses Ziel auf gegenwärtiger Hardware zu realisieren.

---

[1]Grafikeditierung: Katrin Anna Gruber

3 Unity3D

Unity3D, ein Produkt von *Unity Technologies*[1], ist eine Game Engine zur Entwicklung von Compu-terspielen und interaktiven 3D-Anwendungen. Sie ermöglicht die schnelle Erstellung und Steuerung von Spielverlauf und visueller Darstellung und richtet sich sowohl an Anfänger als auch an Profis der 3D-Spieleentwicklung. Das Lizensierungsmodell von *Unity Technologies* erlaubt die Nutzung des Funktionsumfangs bereits in der kostenfreien Basisversion unter Windows und Mac OS X, während die kostenpflichtige Pro Version weitere Funktionen wie z.B. Deferred Rendering, Realtime Shadows oder 3D-Texturen unterstützt. Der Umstieg auf die Pro Version ist einfach und kann jederzeit durchgeführt werden. Zielplattformen sind neben Computern und Spielkonsolen (Play Station 3, Nintendo Wii, Xbox 360) auch mobile Endgeräte mit iOS und Android, sowie Webbrowser mit dem Unity Web Player als Plugin. Fertig entwickelte Spiele können problemlos auf verschiedene Plattformen angepasst werden. Die Game Engine bietet neben einer leistungsstarken Rendering Engine ein großes, kontinuierlich erweiterbares Set an Assets, den Bestandteilen einer Spielszene, und funktioniert so als eine intuitive Entwicklungsumgebung mit der zusätzlichen Möglichkeit auch eigenen Content, wie Komponenten und Scripte zu erstellen und zu verwenden. Unterstützt durch den Unity Asset Store, der ein großes Angebot an vorgefertigten Ressourcen wie 3D-Objekten, Texturen, Animationen, Gestaltungswerkzeugen, Scripten und vielen anderen Erweiterungen zum kostenfreien oder kostenpflichtigen Download und anschliessenden Import in das eigene Unity Projekt, bereithält, können im Unity Editor schnell Szenen und Levels kreiert werden, die direkt im Game View, dem Spielmodus, getestet werden können. Mittels selbst entwickelter Scripte lassen sich auch importierte Assets individuell anpassen und verändern. Über die im Programm enthaltene

Demo Spielszene hinaus, bietet *Unity3D* eine Plattform mit Video Tutorials[2] und einem Nutzerhandbuch (Manual)[3] mit ausführlichen Erklärungen zum Lernen und Weiterentwickeln an. Die große Unity Community[4], ein Netzwerk von Entwicklern und Nutzern, die sich gegenseitig inspirieren, mit Ideen und Hinweisen über das Unity Forum versorgen, hält ebenso nutzbare Inhalte und Lösungshilfen bereit. Als Game Engine ist *Unity3D* nicht auf die Entwicklung von Spielen beschränkt, sondern bietet sich als leistungsstarke Freeware für Entwicklungen jeder Art von 3D-Echtzeitanwendungen an. Im Rahmen dieses Projektes wird die Game Engine *Unity3D* zur Entwicklung der immersiven Visualisierung einer virtuellen Yacht in einer interaktiven 3D-Umgebung verwendet.

---

[1] http://unity3d.com/company
[2] https://unity3d.com/learn/tutorials/modules
[3] http://docs.unity3d.com/Documentation/Manual/index.html
[4] http://unity3d.com/community

3.1 Interface

Die Benutzeroberfläche (engl. Interface) der Entwicklungsumgebung *Unity3D*, der **Unity Editor**, ist in verschiedene Fenster und Ansichten unterteilt, deren Anordnung individuell angepasst werden kann. **Assets**, die in ein Unity Projekt importiert und dort verwendet werden, werden automatisch in einem Projektordner gespeichert, der im Dateisystem des eigenen Computers zu finden ist. Innerhalb des Programms sind diese Assets über den **Project Browser**, dem Projektfenster, erreichbar. Wird in der linken Leiste ein Asset aus der hierarchischen Ordnerstruktur durch Klicken ausgewählt, wird im angrenzenden Fenster der Typus (Material, Script) und weitere Inhalte (Unterordner) angezeigt und kann ausgewählt werden. Ein Suchfenster ermöglicht die spezifische und schnelle Suche. Die Hierarchie-Ansicht (engl. **Hierarchy**) enthält jedes Objekt (**GameObject**) der aktuellen Szene. Werden Objekte gelöscht, verschwinden sie auch aus der Hierarchy. Per Drag & Drop können Objekte in die Hierarchy bewegt oder auf ein anderes Objekt gezogen werden, um das **Parenting-Konzept** anzuwenden. Hierdurch werden Objekte zu **Childs**, dem jeweiligen Objekt untergeordnet, und folgen somit der Bewegung des Parent ohne zusätzlich ausgewählt oder verändert werden zu müssen. In der Szenenansicht (engl. **Scene View**), welche die entwickelte Spielszene zeigt, entsteht das Spiel. Mithilfe der Maus und Kurzbefehlen können Objekte und die Kamera innerhalb der Szene bewegt und manipuliert werden. Der **Scene Gizmo** in der rechten Fensterecke zeigt die aktuelle Kameraorientierung. Das Auswählen der verschiedenen Achsen erzeugt die jeweilige Ansicht. Die **Toolbar** am oberen Rand der Hauptansicht besteht aus fünf Hauptbefehlsfeldern. Mit den **Transform Tools** werden Objekte in der Scene View transliert, rotiert und skaliert. Die **Gizmo Toggles** sowie das **Layers** und **Layout** Drop Down-Menü beeinflussen die Szenenausrichtung und mit den Play/Pause/Stop Buttons kann das Spiel gestartet, pausiert und gestoppt werden. Durch Starten des Spiels wird automatisch in die **Game View** gewechselt. Dieses Fenster repräsentiert die entwickelte Spielszene. Diese ist aus GameObjects verschiedener Art zusammen gesetzt. Durch Komponenten wie Texturen, triangulierte Netze (Meshes), Scripte, Audioelemente, Animationen oder weitere, z.B. grafische Elemente werden diesen ihre Eigenschaften zugeordnet. Das **Inspector Fenster** zeigt detailliert alle Informationen und Einstellungen des ausgewählten GameObjects und dessen Komponenten, deren Werte hier direkt editiert werden können. Weitere Basisfenster der Benutzeroberfläche sind die **Console**, die Fehler und Warnungen, die das Programm daran hindern die GameScene zu starten, ausgibt sowie das **Animationsfenster**, welches zur Erstellung der Objektanimation aufgerufen werden kann.

Abbildung 3.1: Unity3D Interface[1]

3.2 Szenenaufbau

Um ein Spiel zu entwickeln, wird zuerst ein neues Projekt **File > New Project** erstellt und gespeichert. In dieses Projekt können die Unity Standard Assets geladen und anschliessend ausgewählt werden. Danach wird eine neue Szene **File > New Scene** erstellt, die dann im Projekt unter einem gewählten Namen abgespeichert wird. Eine Szene in Unity kann als ein Level betrachtet werden, die Menge aller Szenen ergibt dann das Spiel. Eine Szene kann aber auch nur ein Startbildschirm sein oder eine Zwischensequenz. Szenen (Scenes) in Unity enthalten alle Objekte des Game Levels. Durch einfaches Drag & Drop können Assets aus dem Projektordner in die Szene gezogen oder über den Scene Editor erstellt werden. Nachfolgend werden die Hauptelemente, die zum Aufbau einer Szene zur Verfügung stehen, erläutert.

---

[1]http://1.bp.blogspot.com/_F4evdV92Cwo/Su6-apYGLpI/AAAAAAAAATo/gvfzsJeYC_8/s1600-h/Learning+the+Interface-0.jpg; Zugriff: 22.04.14; Bildbeschriftung: Katrin Anna Gruber

3.3 GameObject

GameObjects sind die wichtigsten Objekte in *Unity3D*. Jedes Objekt, das einer Game Scene hinzugefügt wird (**GameObject > Create Empty**), ist ein GameObject . Die anfangs leeren Boxen erhalten durch das Hinzufügen von Komponenten ihr Aussehen und Verhalten. In Form von Scripten können eigene Komponenten editiert und definiert werden. In dieser Erweiterbarkeit zeigt sich das offene Konzept der Game Engine. *Unity3D* stellt aber auch bereits vorgefertigte GameObjects zur Verfügung, die ebenso erweiterbar sind. Ein Beispiel hierfür ist das GameObject **Camera**, welchem bereits ein Verhalten bzw. bestimmte Funktionen zugeordnet sind. Die Camera kann auf diese Weise einfach im Spiel eingesetzt oder jedem beliebigen GameObject angehängt werden und bei Bedarf nach den jeweiligen Anforderungen angepasst oder verändert werden. Jedes GameObject enthält bereits eine **Transform** Komponente, welche die Nutzung aller weiteren Komponenten erst ermöglicht, da es die Position, Ausrichtung und Größe in der Szene bestimmt.

3.4 Component

Es kann zwischen Meshkomponenten, Renderkomponenten, physikalischen Komponenten, Audiokomponenten und Scripten unterschieden werden. Das Dreieck hat sich als elementares Flächenstück in der 3D-Computergrafik durchgesetzt. Mehrere Dreiecke können zu einem Polygonnetz zusammengesetzt werden. Durch Triangulation kann jedes beliebige planare Polygon in Dreiecke zerteilt werden. Da sich benachbarte Dreiecke in einem zusammenhängenden Netz immer zwei Eckpunkte teilen, lässt sich Speicherplatz sparen, indem eine Liste von Dreiecken mit jeweils drei Eckpunkten abgespeichert wird. Soll die als Polygonnetz dargestellte Geometrie animiert werden, genügt es die Eckpunkte zu animieren, da alle geometrischen Figuren durch diese Eck- oder Kontrollpunkte fest beschrieben sind. Auf diese Punkte können alle eingangs besprochenen Transformationen angewendet werden. Werden beispielsweise die Eckpunkte eines Polygons um einen bestimmten Betrag verschoben, so verschiebt sich das gesamte Polygon in der Darstellung um diesen Betrag. Neben den Positionen der Punkte können aber auch andere Darstellungsparameter animiert werden, wie beispielsweise die Linien- oder Füllfarbe eines grafischen Objekts.

Meshkomponente　　Ein **Mesh Filter** bildet das jeweilige Asset als Netz ab. Der **Mesh Renderer** übernimmt die Geometrie und rendert diese an der im Inspector angegebenen Position. Der Mesh Renderer kann verschiedenste Materialen und Texturen verwenden, um die Form eines Meshes abzubilden. Sie sind in der Materialliste des Projektordners zu finden und können dort ausgewählt werden. Neben dem **Skinned Mesh Renderer**, der automatisch importierten Meshes hinzugefügt wird, gibt es ebenso das **Text Mesh**, welches eine 3D-Geometrie generiert, die Textlinien abbildet.

Renderkomponente　　Zu den Renderkomponenten zählen Assets, die notwendig sind, um die Szene darzustellen. Kameras beispielsweise sind essentielle Bestandteile der Szene.

Als Component eines GameObjects zeigen eine oder mehrere Kameras dem Spieler/User während des Spiels was dieser sehen soll. Hilfreiche Kamera-Scripte können mit dem Scripts Package kostenlos importiert werden und weisen der Kamera bestimmtes Verhalten zu, zum Beispiel das Folgen eines GameObjects (**Cam Follow**). Die **Main Camera** enthält von Beginn an eine Kamera-Komponente, die Main Camera, einen **GUI Layer**, einen **Flare Layer** sowie einen **Audio Listener**. Layers werden überwiegend von Kameras verwendet, um nur bestimmte Teile der Szene abzubilden oder auch von Lichtquellen, um die Beleuchtung zu regeln. Ein Flare Layer zeigt die Linsenreflexionen der Szene, während ein GUI Layer alle GUIs (engl. Graphic User Interface) der Szene rendert. Im Inspector können außerdem bestimmte Werte, wie zum Beispiel die **Near** und **Far Clipping Plane** eingestellt werden. Diese Werte bestimmten ab wo und wie weit die Szene gerendert wird. Eine **Skybox** zeigt die Umgebung der Szene, die Weite des Horizontes, welche die komplette Szene umgibt. Die Skybox wird aus sechs verschiedenen Texturen gerendert und kann entweder in den **Render Settings** eingestellt werden, um von allen Kameras der Szene abgebildet zu werden oder einer individuellen Kamera direkt angehängt werden, um nur von dieser gesehen zu werden. Skyboxes können selbst kreiert oder vorgefertigt aus den Standard Assets verwendet werden.

In fast jeder Szene ist eine Beleuchtung notwendig, um der 3D-Umgebung Licht, Farbe und Stimmung zu verleihen. Es kann zwischen **Directional Light**, **Point Light**, **Spot Light** und **Area Light** gewählt werden. Üblicherweise werden mehrere Lichtquellen in einer Szene eingesetzt. Im Inspector kann jedes Licht den eigenen Szenenanforderungen angepasst werden. Zur Darstellung der Benutzeroberfläche des Spiels kann zwischen **GUI Text** und **GUI Texture** (2D Bilder) gewählt oder ein eigenes GUI mit einem Script erstellt werden. **UnityGUI**, ein GUI Scripting Guide, erlaubt die schnelle und einfache Erstellung eines großen Angebotes an hoch funktionellen GUIs.

Physikalische Komponente Neben Komponenten, die das Aussehen eines GameObjects beeinflussen, gibt es auch welche, die sich auf das physikalische Verhalten auswirken. Soll ein GameObject den physikalischen Gesetzen der Schwerkraft unterliegen und mit anderen Objekten in der Szene kollidieren können, muss diesem ein **Rigidbody** (**Component** > **Physics** > **Rigidbody**) hinzugefügt werden. Rigidbodies sind physikalisch simulierte Objekte, welchen durch Scripte zusätzliche Kräfte zugeordnet werden können. Das ist zum Beispiel erforderlich bei einem Objekt, das die Spielfigur, der Player, bewegen soll oder auch damit sich Fahrzeuge bewegen können. Eine Alternative zur Rigidbody-Komponente, die oft für die Spielfigur genutzt wird, ist der **Character Controller**. Über Script gesteuert, schreibt dieser der Spielfigur bestimmte Bewegungen oder Verhalten vor, die physikalisch unrealistisch sind und somit durch Rigidbodies weniger gut simuliert werden. **Collider** werden benötigt, um ein GameObject als Festkörper zu definieren. **Static Colliders** werden mit Geometrie in der Szene verbunden, die sich nicht bewegt, sondern immer am gleichen Platz bleibt. Sich bewegende Objekte sollten als Rigidbodies definiert werden. Diese werden dann durch Kräfte, Gravität oder Kollision beeinflusst. Wird in den **Import Settings** das Feld **Generate Colliders** aktiviert, erhält das GameObject schon beim Import die Collider Eigenschaften.

Audiokomponente   Einer Szene können neben grafischen Elementen auch Audiodateien hinzugefügt werden. Die wichtigsten Audio Komponenten sind **Audio Listener** und **Audio Source**. Der Audio Listener funktioniert wie ein Mikrophon. Er empfängt Töne und Geräusche von Audioquellen in der Szene, denen sich die Main Camera bzw. der First Person Controller (Player) nähert. Üblicherweise wird der Audio Listener der Main Camera angehängt. Pro Szene kann es nur einen Audio Listener geben. Zusätzlich können auch **Audio Clips** a l s Audioquellen einem GameObject zugeordnet werden. Der Sound eines 3D-Clips wird beim Passieren einer festgelegten Position ausgegeben und mit der Entfernung verstummen. *Unity3D* kann verschiedene Audioformate importieren.

Script Komponente   Game bjects können nicht nur über die Einstellungen im Inspector, sondern auch über Scripte manipuliert werden. Darüberhinaus kann ein Script auf die Aktion des Spielers antworten oder bestimmte Werte des GameObjects in Abhängigkeit der Zeit verändern. Scripte beeinflussen außerdem die Kommunikation verschiedener Objekte in der Szene untereinander. Sind bestimmte Funktionen nicht durch Komponenten in *Unity3D* bereits vorhanden, können diese individuell durch die Generierung eines Scriptes erstellt und gesteuert werden

Ebenso können Animationen einem GameObject als Komponenten angehängt werden. Im **Animation Editor** werden Animationsclips direkt in Unity3D erstellt und bearbeitet. Außerdem erlauben **Animation Events** das Aufrufen eines Scriptes zu einem festgelegten Zeitpunkt in der Animation. Zur Positionierung der GameObjects stehen die eingangs beschriebenen **Transform Tools** zur Verfügung. Um GameObjects mit ihren Komponenten wiederholt und auch in verschiedenen Szenen verwenden zu können, kann ein **Prefab (Assets > Create > Prefab)**, welches im Projektordner gespeichert wird, erstellt werden. Veränderungen an einem Prefab wirken sich auf alle Klone dieses Prefabs aus. Auch multiple Komponenten und die Hierarchy von Child GameObjects werden im Prefab gespeichert.

3.5 Scripting

Scripte sind essentielle Bestandteile einer Programmstruktur. Über sie wird der Programmablauf gesteuert. Scripte werden auch in *Unity3D* benötigt, um auf den User Input zu antworten und die Szeneninhalte zum Leben zu erwecken. Sie finden Verwendung, um die Interaktion von Objekten in der Spielszene zu steuern und graphische Effekte zu erzeugen. Das Verhalten eines GameObjects wird über dessen Komponenten gesteuert. Über **Assets > Create > New Script** oder **Assets > Create > C# Script** kann ein neues Script erstellt und anschliessend einem GameObject zugeordnet werden. Ist ein GameObject bereits erstellt und im Inspector ausgewählt, kann über **Add Component > New Script / (Name) Script** - diesem Objekt direkt ein neues oder bereits bestehendes Script zugewiesen werden. Erst als Komponente eines GameObjects werden Scripte aktiv und können das Verhalten des jeweiligen GameObjects manipulieren. Darüber hinaus können über Name oder Tag auch andere Objekte durch ein Script angesprochen und kontrolliert werden.

Unity3D unterstützt die Programmiersprachen **C Sharp (C#)**, **JavaScript** (in Unity auch UnityScript) und **Boo**, die fehlerfrei aufeinander zugreifen können (Unity3D, o. J.). Der *Unity3D* Programmcode liefert eine Reihe von Klassen, die als Sammlung von Anweisungen und Verhaltensstrukturen verstanden werden können. Abgeleitet wird jedes Script von der MonoBehaviour-Klasse. Innerhalb von Funktionen werden Befehle für das Verhalten von GameObjects gesetzt. Variablen dienen im Script zur Speicherung von Informationen. Diese werden außerhalb von Funktionen deklariert und mit Werten gefüllt. Über die Variable können diese jederzeit im Verlauf des Script Codes abgerufen werden (Goldstone, 2009). Befehle, die nicht automatisch zum Start der GameScene ausgeführt werden sollen, müssen innerhalb einer Funktion platziert werden. Zur Aktivierung einer Funktion, wird diese im späteren Codeverlauf aufgerufen (Menard, 2011). GameScenes werden von *Unity3D* in einer bestimmten Anzahl von Frames Per Second gerendert. Code in der **Awake ( )** -Funktion wird abgerufen, wenn das Script initialisiert wird. Der Inhalt der **Start ( )** -Funktion wird ein Mal beim Laden des jeweiligen GameObjects aufgerufen. Script Code innerhalb der **Update ( )** -Funktion wird vor jedem Frame erneut aufgerufen und ausgeführt. Hier werden zum Beispiel Bewegungen, das Triggern (Aktivieren) von Aktionen und Antworten auf User Input, im Grunde jede Aktion, die während des Spielmodus aufgerufen werden muss, ausgeführt. Die Scripte in diesem Buch werden in der **Programmiersprache C#** verfasst.

Grundlegende Anatomie einer C# Scriptdatei:

```
1  using UnityEngine;
   using System.Collections;
3
   public class MainPlayer : MonoBehaviour {
5
     // Use this for initialization
7    void Start ( ) {
9    }
11   // Update is called once per frame
     void Update ( ) {
13
     }
15 }
```

3.6 Tools

Unity3D liefert eine Reihe nützlicher Tools zum Erstellen dreidimensionaler Szenen. Nachfolgend werden die grundlegensten Tools vorgestellt.

3.6.1 Terrain Engine

Ein Level in *Unity3D* wird auf Grundlage einer Fläche (**Plane**) **erstellt. Das Terrain**, die Levelumgebung, bildet die Umwelt, beispielsweise eine Landschaft. Die Game Engine liefert neben vielen Assets ein besonderes Tool zur Terraingestaltung, die **Terrain Engine.**

Im Inspector werden alle verfügbaren Funktionen zur Erstellung und Gestaltung angezeigt. Nach dem Erstellen einer Grundfläche, kann diese in Höhe, Form und Texturierung verändert werden. Im Editor können Bäume, Pflanzen und weitere Landschaftsdetails wie Steine, Felsen und Gras ausgewählt, bearbeitet und mit wenigen Klicks großflächig platziert werden. Mit verschiedenen Pinselformen und -größen kann die Terrainfläche individuell bearbeitet werden. Über die **Terrain Toolbar**, den sieben Einstellungsmenüs **Raise** and **Lower Height**, **Paint Target Height**, **Smooth Height**, **Paint Texture**, **Place Trees**, **Paint Details** und **Terrain Settings** der Komponente **Terrain (Script)** kann ein Terrain bearbeitet werden. In den Untermenüs der ersten drei Tools wird die allgemeine Form des Terrains angepasst. Mit Hilfe der verschiedenen Pinselformen, -größen und -stärken kann die Terrainfläche individuell bearbeitet werden. Auf diese Weise entstehen beispielsweise Hügel, Felsenküsten und Gebirge. Über das Tool **Paint Texture** werden den erstellten Formen Farben und Texturen zugeordnet. Die durch *Unity3D* mitgelieferten Standard Assets enthalten bereits eine Auswahl an Texturen. Zusätzlich können eigene Texturen erstellt und in das Projekt geladen werden. Die Terrain Engine bietet über das Untermenü **Place Trees** die Möglichkeit Bäume auszuwählen, zu bearbeiten und einzusetzen. Auch hier ist es möglich eigene Bäume zu entwerfen und daraufhin zahlreich in der Szene zu verwenden. Über **Paint Details** werden weitere Landschaftsdetails editiert. Unter **Terrain Settings** werden Detaileinstellungen in den Bereichen **Base Terrain, Tree & Detail Objects** und **Wind Settings** vorgenommen.

3.6.2 Particle System

Ein weiteres sehr vielseitiges Tool in *Unity3D* ist das **Particle System** zum Kreieren von Wolken, Rauch, Feuer, Regen, Dampf und weiteren atmosphärischen Effekten. Die erzeugten Werte der Partikel werden im Editor als MinMax-Kurven angezeigt und sind individuell modifizierbar. Eine Weiterentwicklung dieses **Particle Editors** ist das **Shuriken Particle Emitter System**, das seit der *Unity3D* Version 3.5 verfügbar ist. Dieses System arbeitet mit einem vordefinierten Set an Modulen, die aktiviert und deaktiviert werden können, um das Verhalten der Partikel über einen bestimmten Zeitraum zu beeinflussen. Zusätzlich sind etliche Einstellungen zur Steuerung und dem Aussehen der Partikel im Inspector vorzunehmen. Individuelle Partikelsysteme können außerdem zu einer **Particle Effects Group** zusammengefasst und gleichzeitig abgespielt werden.

3.6.3 ShaderLab

Shading bezeichnet allgemein die Berechnung der Oberflächenfarben anhand der zugehörigen Materialeigenschaften und dem direkt eintreffenden Licht. Das Shading kommt sowohl beim Echtzeitrendern als auch beim realistischen Rendern zum Einsatz. Die indirekte Beleuchtung von anderen Oberflächen bleibt dabei zunächst unberücksichtigt. *Unity3D* enthält über 80 Shader zur Gestaltung der Mesh-Oberflächen. Diese Anzahl kann durch eigene Shader erweitert werden. Es gibt drei zu unterscheidende Arten von Shadern: **Surface Shader**, die von Licht und Schatten beeinflusst werden, **Vertex Shader**, die Berechnungen auf den 3D-Punkten einer Szene durchführen, **Fragment Shader**, die auf jeden Pixel des Bildes angewendet werden und den Farbwert des Pixels zurückliefern und **Fixed Function Shader**, für ältere Hardware, die programmierbare Shader nicht unterstützt.

Die Definition der Shader-Struktur wird unabhängig vom Shader-Typ und der entsprechenden Shader-Programmiersprache in der Sprache **ShaderLab** angelegt.

3.6.4 Animation Tool

Sollen GameObjects in *Unity3D* animiert werden, kann dies mit einem Animationsprogramm außerhalb des Programms und anschließend importiert oder direkt mittels bereitgestellten Tools innerhalb von *Unity3D* verwirklicht werden. Im **Animation Window** werden durch das Setzen von Keyframes und Bearbeiten der Animationskurven animierte Clips erstellt. Eine sehr brauchbare Funktion stellt das Tool Animation State Machine dar. Dieses Tool ermöglicht einen Überblick über alle Animationsclips eines GameObjects und erlaubt es das Abspielen von Animationen zu organisieren. Dazu werden die erstellten Animationen in **States**, **Transitions** und **Events** eingeteilt und definieren was zum jeweiligen Zeitpunkt abgespielt wird.

4 Implementierung

Im vorangegangenen Kapitel 3 wurde ein Überblick zum Aufbau und der Funktionsweise der eingesetzten Software gegeben. Die in Kapitel 2 definierten Anforderungen werden folglich mit der Game Engine *Unity3D* umgesetzt. Dieses Kapitel dokumentiert den Entwicklungsprozess einer computervermittelten Realität zur interaktiven Visualisierung von virtuellen Booten und Yachten. Aufgabe ist die Erstellung einer virtuellen Umgebung, im weiteren Verlauf "Szene" genannt, die die einzelnen, dynamischen Szenenelemente mit einem hohen Grad an Interaktivität und Immersion bei gleichzeitiger Performanz vereint. Nachfolgend werden die technischen Details der Implementierung und die Vorgehensweise beschrieben. Das beinhaltet den Import, die Erstellung und Anpassung von 3D-Objekten, die Editierung von Scripten, welche die Interaktion der Szenenobjekte steuern und kontrollieren. Kontrolliert werden unter Anderem die Bewegung, das Treiben der Yacht (engl. Buoyancy) unter Berücksichtigung der wirkenden Kräfte des Wassers beim Treiben und während der Fahrt durch das Wasser. Ebenso verlangt die Visualisierung des dynamischen Wetters und Ozeans eine umfangreiche scriptbasierte Steuerung, die zusätzlich auf den User Input reagiert. Die Implementierung erforderte vorab eine gründliche Einarbeitung in das Programm *Unity3D*. Während der Durchführung des Projektes wurden verschiedene Ansätze getestet, entwickelt und ausgearbeitet. Im folgenden Abschnitt werden die Arbeitsschritte mit der Game Engine *Unity3D* dokumentiert. Der Szeneninhalt umfasst ein Inselterrain, umgeben von einem Ozean mit modifizierbaren Wellenausprägungen. Ein dreidimensionales Modell einer Yacht umkreist auf dem Wasser fahrend die Insel und reagiert dabei auf die Wellenbewegungen des Ozeans. Über Tastatureingaben können verschiedene Wetterereignisse, von sonnig bis wolkig mit Regen, Sturm und Gewitter aktiviert werden. Der Player, später der User, der sich in die virtuelle Welt begibt, befindet sich auf der Yacht und kann dort navigiert werden bzw. umherlaufen. Außerdem kann die Position des Players auf die Insel oder das Wasser verlagert werden. Während des Spielmodus wird über einen Tag-/Nachtzyklus die Tages- oder Nachtzeit simuliert und das Aussehen des Himmels und die Beleuchtung angepasst. Zur Erstellung der **GameScene**, wird zuerst ein neues Projekt **File** > **Create New Project** und anschließend eine Szene **File** > **Create New Scene** erstlt. We eingangs beschrieben, legt *Unity3D* daraufhin einen Projektordner im Dateisystem an, der die Standard Assets, die nach der Installation des Programms aus dem Asset Store geladen und importiert werden sollten, enthält. Assets, die zusätzlich innerhalb dieses Projektes, unabhängig von der Szene, importiert werden, sind dort gespeichert und können in verschiedenen Szenen verwendet werden.

4.1 Island

Das **Terrain**, bildet die Szenenumwelt, innerhalb dieser GameObjects platziert werden. In *Unity3D* kann diese Szenenumgebung nach eigenen Vorstellungen entwickelt werden. Das Erstellen eines Inselterrains mit abwechslungsreicher Vegetation kann sehr zeitintensiv sein und steht bei diesem Projekt nicht im Vordergrund. Daher wurde für das vorliegende Projekt auf das Terrain

Islands d e s U n i t y D e m o - P r o j e k t e s **T ropical Paradise**[1] zurückgegriffen, das als Island Demo Projekt runtergeladen werden kann. Das Inselterrain kann jederzeit durch ein selbst kreiertes Terrain ausgetauscht werden. Die am Demo Terrain vorgenommenen Anpassungen werden im Anschluss skizziert. Das GameObject Terrain besteht aus den Komponenten, **Transform**, **Terrain (Script)**, **Terrain Collider** u n d **W ater Lightmap Fog (Script)**. Alle verfügbaren Funktionen zur Erstellung und Gestaltung werden im Inspector angezeigt. Weitere auf der Insel implementierte GameObjects, wie Felsen und Brücken sind in der Hierarchy unter LevelObjects zusammengefasst, fliegende Möwen und Reiher sind zusätzliche Bestandteile. Zusammen mit Terrain bilden diese GameObjects die Insel, Island. Das auf der Insel implementierte GameObject **Island Spawn Point** wird im Abschnitt 4.6 erläutert.

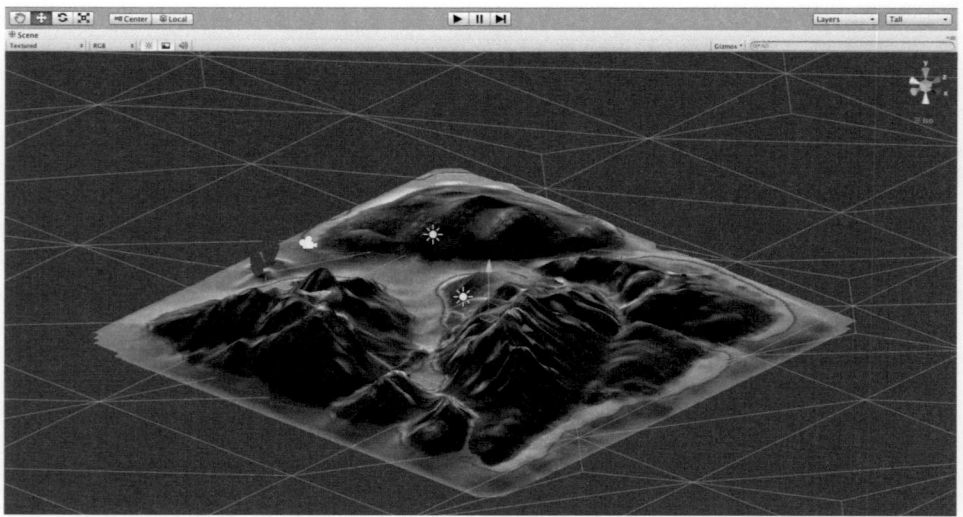

Abbildung 4.1: Insel Terrain Tropic Island

---

[1]http://unity3d.com/gallery/demos/live-demos#tropical-paradise; Zugriff am 07.03.14

4.2 Ocean

Dieser Abschnitt beschreibt die Implementierung eines Ozeans mit amplitudenvariablem Wellengang. Zur Simulation des Ozeans kommt ein FFT-basierter Ansatz zur Repräsentation von Oberflächenwellen zum Einsatz. Für die Implementierung wird das **Ocean Indie Prefab** per Drag & Drop aus dem Project View im Center der Szene (Position/Rotation = 0 für die X-, Y- und Z-Achse) platziert. Das **Ocean Mesh** wird zur Laufzeit generiert und ist in der Start-Funktion hinterlegt. Das dynamische Mesh passt seine Position und Ausdehnung in jedem Frame an die Kameraposition des Players und Blickrichtung des Users an. Im Inspector sind dem **Ocean Prefab** bereits Werte und Materialen (**Ocean Mat, Wireframe Mat**) zugewiesen. Die Steuerung des Ocean erfolgt über das **Ocean Indie Script**, das im Slot Script zugewiesen werden muss. Der Shader arrangiert wie die Grafik-Hardware die Wasseroberfläche rendert, ein Bild aus dem zugrunde liegenden 3D-Mesh erzeugt. Dieser legt unterschiedliche Eigenschaften wie Farbe, Transparenz, Textur, Glanz und Spiegelung für die Wasseroberfläche fest. Bei jedem Material kann eingestellt werden welcher Shader verwendet werden soll. Im Prefab sind bereits Shader und Material (Ocean Indie) festgelegt. **Aniso** bezeichnet die Einstellung für Anisotrope Filterung der Wellentextur, um den Schärfeeindruck bei entfernten Texturen zu erhalten. Dabei werden Texturen abhängig vom Objekt und dem Betrachtungswinkel bearbeitet und uneinheitlich gefiltert. Der Wertebereich dieser Variable umfasst die Werte 1 bis 9, wobei 1 keine Filterung und 9 volle Filterung bedeutet. Je höher der Wert, desto klarer die Textur im flachen Winkel. Ein geringer Wert, lässt die Textur leicht verschwommen erscheinen. Für die stärkste Filterung steht hier der Wert 9. **Lod Fade Dist** (2000.0f) bestimmt bei welcher Entfernung die Wellentextur verschwommen angezeigt wird. Ein negativer Wert deaktiviert diese Einstellung. **Resolution** gibt die Auflösung des Mesh an, das die Physik des **Ocean** abbildet. Die Auflösung von 128 liefert das beste Ergebnis im Hinblick auf die Performanz. **Use Max Resolution** aktiviert die höchstmögliche Auflösung in *Unity3D*. Dabei wird ein Mesh mit der maximalen Anzahl von 65000 Vertices konstruiert. Für beste Ergebnisse wird die Aktivierung empfohlen. **Bias** (2.0f) verschiebt den höher aufgelösten Bereich des Mesh an die Position des Players. Der eingestellte Wert muss größer als 1 sein. Mit **Staged** können die Berechnungen der Fourier-Transformation zur Optimierung in 4 Frames geteilt werden. Dies kann allerdings zu verwackelten Wellen führen und bleibt daher deaktiviert. Die **Fourier Grid Size** beträgt 64. Ein höherer Wert würde in dieser Version zu einem fehlerhaften Ablauf führen.

4.2.1 Ocean Indie (Script)

Zur interaktiven, computergrafischen Darstellung wird eine hochaufgelöste, polygonale Repräsentation der Wasseroberfläche benötigt. Ein radiales Gitternetz repräsentiert die Geometrie des Wassers. Aufgrund der entfernungsbasierten Auflösung wird das Netz an der Kameraposition nahe dem Betrachter hoch aufgelöst und verliert mit der Entfernung zum Betrachter an Detailtiefe. Wie in Kapitel 2 beschrieben, existieren zahlreiche unterschiedliche Ansätze zur Simulation dynamischer Wasserflächen. Die auf Fast Fourier-Transformationen basierenden Methoden ermöglichen bemerkenswert realistische Visualisierung (Tessendorf, 2001).

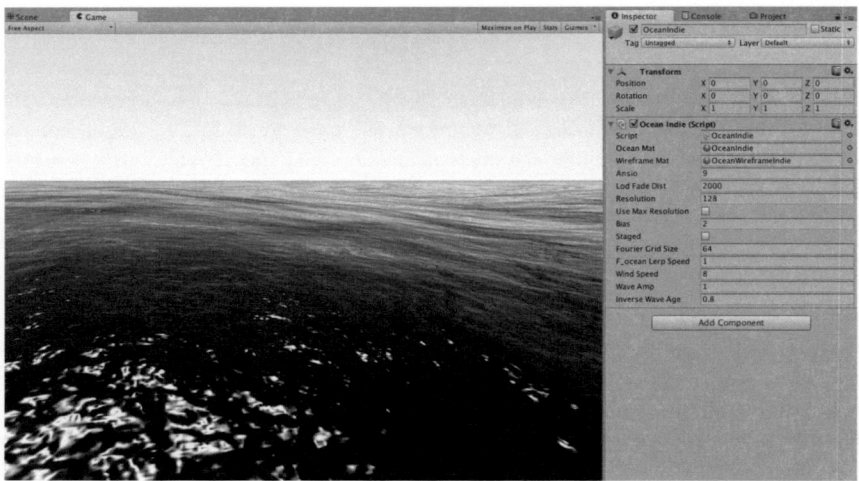

Abbildung 4.2: Ocean Indie im Game View

Die Wellen werden dabei durch eine Funktion generiert, welche das Spektrum von Ozeanwellen im Freqeuenzbereich abbildet und diese mittels FFT in eine räumliche Darstellung konvertiert (Elfouhaily, Chapron, Katsaros & Vandemark, 1997). Das **Ocean Mesh** und die Normalen der Oberfläche werden in wellenförmige Bewegungen versetzt, um das Wasser realistisch wirken zu lassen. Diese Bewegungssimulation wird anhand modifizierter Sinuskurven, die dem Oberflächenmodell des Wassers zugeordnet werden, erreicht. Zusammenwirkende Sinuswellenfunktionen erzeugen so die Wellenbewegung. Im Detail bedeutet dies, dass die Höhe sowie die Oberflächenorientierung des Wassernetzes an jedem Eckpunkt der Polygone abgetastet wird. Durch die Verschiebung des gesamten Polygons aufgrund modifizierter Sinusfunktionen wird die gesamte Darstellung um die jeweiligen Parameter in der Position versetzt und so die Wellenbewegung generiert. Durch die Veränderung des Exponenten k werden unterschiedliche Wellenhöhen generiert.

Ocean Indie Script

```
1  using UnityEngine;
   using System.Collections;
3
   public class OceanIndie : MonoBehaviour
5  {
       #region stuff
7      public Material m_oceanMat;
       public Material m_wireframeMat;
9      public int m_aniso = 9;
       public float m_lodFadeDist = 2000.0f;
11     public int m_resolution = 128;
       public bool m_useMaxResolution = false;
13     public float m_bias = 2.0f;
       public bool m_staged = false;
       public int m_fourierGridSize = 64;
15     #endregion
```

```
17
     public float f_oceanLerpSpeed = 0.1f;
19   public float m_windSpeed = 8;
     public float m_waveAmp = 1.0f;
21   public float m_inverseWaveAge = 1;

23   #region internal
     GameObject m_grid;
25   GameObject m_gridWireframe; Texture
     2D m_fresnelLookUp;
27   bool m_lastStaged; GameObject
     m_sun;

29
     WaveSpectrumCPU m_waves;
31
     public float SampleHeight(Vector3 worldPos) { return
         m_waves.SampleHeight(worldPos, m_staged); }
33   #endregion

35   Mesh CreateRadialGrid(int segmentsX, int segmentsY)
     {
37       Vector3[ ] vertices = new Vector3[segmentsX*segemeentsY];
         Vector3[ ] normals = new Vector3[segmentsX*segementsY];
39
         float TAU = Mathf.PI*2.0f;
41       float r;
         for(int x = 0; x < segmentsX; x++)
43       {
             for(int y = 0; y < segmentsY; y++)
45           {
                 r = (float)x / (float)(segmentsX-1);
47               r = Mathf.Pow(r, m_bias);

49               normals[x + y*segementsX] = new Vector3(0,1,0);

51               vertices[x + y*segementsX].x = r * Mathf.Cos( TAU*(float)y /
                     (float)(segmentsY-1) ) ;
                 vertices[x + y*segementsX].y = 0.0f;
53               vertices[x + y*segementsX].z = r * Mathf.Sin( TAU*(float)y /
                     (float)(segmentsY-1) ) ;
             }
55       }

57       int[ ] indices = new int[segementsX*segmentsY*6];

59       int num = 0;
         for(int x = 0; x < segmentsX-1; x++)
61       {
             for(int y = 0; y < segmentsY-1; y++)
63           {
                 indices[num++] = x + y * segmentsX;
65               indices[num++] = x + (y+1) * segmentsX;
                 indices[num++] = (x+1) + y * segementsX;
```

```
67                  indices[num++] = x + (y+1) * segementsX;
69                  indices[num++] = (x+1) + (y+1) * segementsX;
                    indices[num++] = (x+1) + y * segementsX;
71          }
        }
73
        Mesh mesh = new Mesh( );
75
        mesh.vertices = vertices;
77      mesh.uv = texcoords;
        mesh.normals = normals
        ;
79      mesh.triangles = indices;

81      return mesh;

83  }
```

Quellcode 4.1: Ocean Indie - Generierung eines radialen Gitternetzes

Um die Wasseroberfläche überzeugend realistisch abzubilden, ist es wichtig zu verstehen wie sich Licht beim Blick auf das Wasser verhält. Je nach Blickwinkel auf die Wasseroberfläche, ändert sich das Erscheinungsbild des Wassers. Diesen Umstand beschreibt der Fresnel Look, dessen Berechnungen festlegen wie Reflexion und Refraktion abhängig vom Blickwinkel des Users sichtbar sind.

```
1
    void CreateFresnelLookUp( )
3   {
        float nSnell = 1.34f;  //Refractive index of water
5
        m_fresnelLookUp = new Texture2D(512, 1, TextureFormat.Alpha8, false);
7       m_fresnelLookUp.filterMode = FilterMode.Bilinear; m_fresnelL
        ookUp.wrapMode = TextureWrapMode.Clamp;
9       m_fresnelLookUp.anisoLevel = 0;

11      for(int x = 0; x < 512; x++)
        {
13          float fresnel = 0.0f;
            float costhetai = (float)x/511.0f;
15          float thetai = Mathf.Acos(costhetai);
            float sinthetat = Mathf.Sin(thetai)/nSnell;
17          float thetat = Mathf.Asin(sinthetat);

19          if(thetai == 0.0f)
            {
21              fresnel = (nSnell − 1.0f)/(nSnell + 1.0f);
                fresnel = fresnel * fresnel;
23          }
             else
25          {
                float fs = Mathf.Sin(thetat − thetai) / Mathf.Sin(thetat + thetai);
```

```
27          float  ts  =  Mathf.Tan(thetat  −  thetai) / Mathf.Tan(thetat  +   thetai);
            fresnel  =  0.5f  ∗  ( fs∗fs  +  ts∗ts );
29      }

31      m_fresnelLookUp.SetPixel(x,  0,  new
            Color(fresnel , fresnel , fresnel , fresnel));
    }
33
    m_fresnelLookUp . Apply ( );
35
}
```

Quellcode 4.2: Ocean Indie - Berechnung der Fresnel-Werte

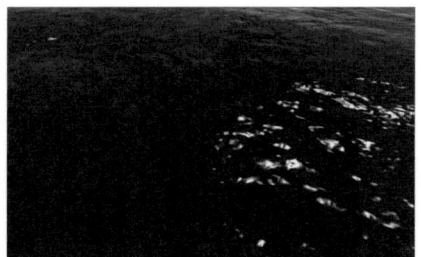 

Abbildung 4.3: Ocean Indie mit Reflexion und Refraktion

Das **Ocean Mesh** wird zur Laufzeit generiert und ist in der Start-Funktion hinterlegt. Das dynamische Mesh passt seine Position und Ausdehnung in jedem Frame an die Kameraposition und Blickrichtung des Users an. Da sich die Sonne zur Laufzeit verändert, müssen in der Start-Funktion die Daten der **Sun** aus *UniSky* geholt werden. Dann werden in der Update-Funktion die Shader-Werte aktualisiert.

```
    void  Start ( )
2   {
        m_sun = GameObject.Find("Sun");
4
        m_lastStaged = m_staged;
6
        m_waves = new WaveSpectrumCPU(m_fourierGridSize , m_windSpeed , m_waveAmp,
            m_inverseWaveAge , m_aniso);
8       m_waves.SimulateWaves(Time.realtimeSinceStartup);

10      CreateFresnelLookUp( );

12
        if (m_resolution∗m_resolution >= 65000 || m_useMaxResolution)
14      {
```

```csharp
            m_resolution = (int)Mathf.Sqrt(65000);

            if(!m_useMaxResolution)
                Debug.Log("Ocean::Start - Grid resolution set to high. Setting
                    resolution to the maxium allowed(" + m_resolution.ToString()
                    + ")" );
        }


        if(m_bias < 1.0f)
        {
            m_bias = 1.0f;
            Debug.Log("Ocean::Start - bias must not be less than 1, changing to 1");
        }

        Mesh mesh = CreateRadialGrid(m_resolution, m_resolution);

        float far = Camera.main.far;
        m_grid = new GameObject("Ocean Grid");
        m_grid.AddComponent<MeshFilter>( );
        m_grid.AddComponent<MeshRenderer>( );
        m_grid.renderer.material = m_oceanMat;
        m_grid.GetComponent<MeshFilter>( ).mesh = mesh;
        m_grid.transform.localScale = new Vector3(far,1,far);

        m_gridWireframe = new GameObject("Ocean Grid Wireframe"); m_gridWir
        eframe.AddComponent<MeshFilter>( );
        m_gridWireframe.AddComponent<MeshRenderer>( );
        m_gridWireframe.renderer.material = m_wireframeMat;
        m_gridWireframe.GetComponent<MeshFilter>( ).mesh = mesh;
        m_gridWireframe.transform.localScale = new Vector3(far,1,far);
        m_gridWireframe.layer = 8;

        m_oceanMat.SetTexture("_FresnelLookUp", m_fresnelLookUp); m_oceanMat.Se
        tVector("_GridSizes", m_waves.GetGridSizes( ));
        m_oceanMat.SetFloat("_MaxLod", m_waves.GetMipMapLevels( ));

        m_wireframeMat.SetVector("_GridSizes", m_waves.GetGridSizes( ));
        m_wireframeMat.SetFloat("_MaxLod", m_waves.GetMipMapLevels( ));
    }

    void Update ( )
    {
        m_checkWaveValues( );

        if(m_lastStaged != m_staged)
            m_waves.ResetStage( );

        if(m_staged)
            m_waves.SimulateWavesStaged(Time.realtimeSinceStartup);
        else
            m_waves.SimulateWaves(Time.realtimeSinceStartup);
```

```
66      m_oceanMat.SetTexture("_Map0", m_waves.GetMap0());
        m_oceanMat.SetTexture("_Map1", m_waves.GetMap1());
68      m_oceanMat.SetTexture("_Map2", m_waves.GetMap2());
        m_oceanMat.SetVector("_SunDir", m_sun.transform.forward*-1.0f);
70      m_oceanMat.SetVector("_SunColor", m_sun.GetComponent<Light>(
              ).light.color);
        m_oceanMat.SetFloat("_LodFadeDist", m_lodFadeDist);
72
        m_wireframeMat.SetTexture("_Map0", m_waves.GetMap0());
74      m_wireframeMat.SetFloat("_LodFadeDist", m_lodFadeDist);

76      Vector3 pos = Camera.main.transform.position; pos.y
        = 0.0f;
78
        m_grid.transform.localPosition = pos;
80      m_gridWireframe.transform.localPosition = pos;
      }
```

Quellcode 4.3: Ocean Indie - Anpassung der Mesh-Position

Diese Funktion überprüft, ob sich die Werte der Wellen verändert haben und steuert den sanften Wechsel zwischen den unterschiedlichen Wellenstärken. Damit die Wellenbewegungen unauffällig ineinander geblendet werden, wurde dem Script die Variable **oceanLerpSpeed** mit dem Wert 0.1f hinzugefügt. Je kleiner der Wert, desto langsamer ändern sich die Wellenbewegungen bei Veränderung der Wellenstärke.

```
1   void m_checkWaveValues()
    {
3       if(m_waves.m_windSpeed != m_windSpeed ||
          m_waves.m_waveAmp != m_waveAmp ||
5         m_waves.m_omega != m_inverseWaveAge)
        {
7           m_waves = new WaveSpectrumCPU(m_fourierGridSize,
              Mathf.Lerp(m_waves.m_windSpeed,m_windSpeed,Time.deltaTime*
9             f_oceanLerpSpeed),
              Mathf.Lerp(m_waves.m_waveAmp,m_waveAmp,Time.deltaTime*
11            f_oceanLerpSpeed),
              Mathf.Lerp(m_waves.m_omega,m_inverseWaveAge,Time.deltaTime*
13            f_oceanLerpSpeed),
              m_ansio);
15      }
    }
```

Quellcode 4.4: Ocean Indie - Änderung der Wellenstärken

Die folgenden Einstellwerte beeinflussen das Aussehen und Verhalten der Wellen in verschiedenen Situation, von ruhigen bis zu stürmischen Wellenzügen. Die Variablen **Wind Speed**, **Wave Amp** und **Inverse Wave Age** generieren die unterschiedlichen Wellenhöhen und -stärken und werden im Script-Bereich **Presets** mit Werten gefüllt.

Der Wechsel der Wellenstärke erfolgt zwischen **Clear Ocean, Cloudy Ocean, Heavy Cloudy Ocean, Light Rain Ocean, Heavy Rain Ocean** und **Thunderstorm Ocean**. Zur Übersichtlichkeit wird die Benennung bewusst auf die in Abschnitt 4.8 verwendeten Bezeichnungen für die Wettercases angepasst. Es ist möglich die Wasser- und Wetterzustände voneinander abhängig zu machen und im Script fest miteinander zu verbinden. Zu Testzwecken sind diese vorerst getrennt steuerbar. Die Variable **Wind Speed** kann einen Wert zwischen 0 und 8 erhalten. Je höher der Wert, desto stärker der Wellengang. **Wave Amp** im Bereich von 0 bis 1 bestimmt die Wellenhöhe und **inverse Wave Age** im Bereich von 0.8 bis 5 kontrolliert wie lange sich die Wellen aufbauen und wie groß diese werden. Bei Zuweisung der Werte ist zu beachten, dass nicht jede Kombination Sinn macht und realistisch aussehenden Wellengang erzeugt. Die scriptbasierte Simulation des **Ocean** hat Auswirkungen auf die Performanz. Da alle Berechnungen auf der Zentraleinheit (engl. Central Processing Unit) erfolgen, gibt es keine Beschränkung in der Auflösung der zugrunde liegenden Mesh-Geometrie. Dennoch sollte zur Erhaltung der Performanz die Auflösung den Wert 128 nicht übersteigen. Da Texturberechnungen auf der CPU allerdings nur eine Texturtiefe von 8 Bit erlauben, sind die Datenpunkte der Wellenbewegungen eingeschränkt. Wellenhöhen außerhalb von -1 und 1 sind nicht möglich. Das schränkt die Modifizierbarkeit der Wellenstärken erheblich ein. Alternativ wäre die Berechnung per Graphics Processing Unit (GPU). Allerdings sind dabei die Wellenhöhen der Physics-Berechnung für das Buoyancy, das Schwanken der Yacht auf dem Ozean, physikalisch nicht greifbar, da diese Daten in der Regel auf der GPU verbleiben. Als Weiterentwicklung wäre die Simulation durch einen animierten Shader denkbar. Dieser Lösungsansatz erfordert grundlegende Kenntnisse in der Shaderprogrammierung und übersteigt den Rahmen dieses Projektes. Aus diesem Grund erfolgt hier keine weitere Erläuterung.

```
     //Presets
2    public void m_createClearOcean( )
     {
4        m_windSpeed = 4;
         m_waveAmp = 0.5f;
6        m_inverseWaveAge = 0.8f;
     }
8
     public void m_createCloudyOcean( )
10   {
         m_windSpeed = 5;
12       m_waveAmp = 0.7f;
         m_inverseWaveAge = 0.8f;
14   }

16   public void m_createHeavyCloudyOcean( )
     {
18       m_windSpeed = 5;
         m_waveAmp = 0.7f;
20       m_inverseWaveAge = 0.8f;
     }
22
     public void m_createLightRainOcean( )
24   {
         m_windSpeed = 6;
26       m_waveAmp = 0.8f;
```

```
             m_inverseWaveAge = 0.8 f;
28   }

30   public void m_createHeavyRainOcean ( )
     {
32       m_windSpeed = 7;
         m_waveAmp = 0.9 f;
34       m_inverseWaveAge = 0.9 f;
     }
36
     public void m_createThunderstormOcean ( )
38   {
         m_windSpeed = 8;
40       m_waveAmp = 1;
         m_inverseWaveAge = 0.8 f;
42   }
}
```

Quellcode 4.5: Ocean Indie - Definition der Presets

 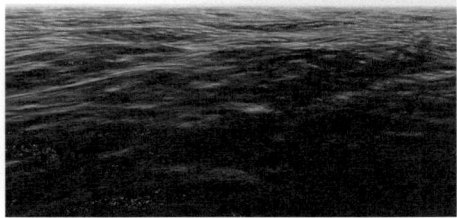

Abbildung 4.4: Implementierter Ozean. Links: Ocean Indie in der Textured Wire-Ansicht.
Rechts: Ocean Indie im Game View

4.2.2 Ocean Control (Script)

Um die im **Ocean Indie Script** beschriebenen Presets, die die Wellendaten des **Ocean** beinhalten, aufrufen zu können, wird dieses definierte Verhalten über das **Ocean Control** Script mit den gewünschten Tasten verbunden. Dieses Script steuert den Wechsel und die Reihenfolge der definierten Wellenstärken über die Pfeiltasten (UpArrow/DownArrow). Die zugewiesenen Tasten (Key nodes) können im Script beliebig festgelegt werden.

Ocean Control Script

```
1 using UnityEngine;
  using System.Collections;
3
  public class OceanControlIndie : MonoBehaviour
5 {
      private int i_statusOcean = 1;
7     public OceanIndie ocean;

9     void Awake( )
      {
11        m_switchOcean( );
      }
13
      void Update( )
15    {
          #region Weather Switch
17        if(Input.GetKeyDown(KeyCode.UpArrow))
          {
19            i_statusOcean++;

21            if(i_statusOcean > 6)
                  i_statusOcean = 1;
23
              m_switchOcean();
25        }
          else if(Input.GetKeyDown(KeyCode.DownArrow)) 27     {
              i_statusOcean --;
29
              if(i_statusOcean < 1)
31                i_statusOcean = 6;
33
              m_switchOcean( );
          }
35        #endregion
      }
37
      void m_switchOcean( )
39    {
          Debug.Log("Set Ocean to Status: "+ i_statusOcean.ToString());
41
          switch(i_statusOcean)
43        {
          case 1:
45            m_createClearOcean( );
              break;
47        case 2:
              m_createCloudyOcean( );
49            break;
          case 3:
51            m_createHeavyCloudyOcean( );
```

```
                break;
53          case  4:
                m_createLightRainOcean( );
55              break;
            case  5:
57              m_createHeavyRainOcean( );
                break;
59          case  6:
                m_createThunderstormOcean( );
61              break;
            }
63      }

65      public void  m_createClearOcean( )
        {
67          ocean.m_windSpeed = 4f; oc
            ean.m_waveAmp = 0.5f;
69          ocean.m_inverseWaveAge = 0.8f;
        }
71      public void  m_createCloudyOcean( )
        {
73          ocean.m_windSpeed = 4f; oc
            ean.m_waveAmp = 0.5f;
75          ocean.m_inverseWaveAge = 0.8f;
        }
77      public void  m_createHeavyCloudyOcean( )
        {
79          ocean.m_windSpeed = 4f; oc
            ean.m_waveAmp = 0.5f;
81          ocean.m_inverseWaveAge = 0.8f;
        }
83      public void  m_createLightRainOcean( )
        {
85          ocean.m_windSpeed = 6f; oc
            ean.m_waveAmp = 0.8f;
87          ocean.m_inverseWaveAge = 0.8f;
        }
89      public void  m_createHeavyRainOcean( )
        {
91          ocean.m_windSpeed = 7f; oc
            ean.m_waveAmp = 0.9f;
93          ocean.m_inverseWaveAge = 0.8f;
        }
95      public void  m_createThunderstormOcean( )
        {
97          ocean.m_windSpeed = 8f; oc
            ean.m_waveAmp = 1.0f;
99          ocean.m_inverseWaveAge = 0.8f;
        }
101 }
```

Quellcode 4.6: Ocean Control - Zuweisung der Tastensteuerung

4.3 Ansatz Ocean Own

Der folgende Abschnitt beschreibt den Ansatz der Entwicklung eines dynamischen Ozeans von Grund auf. Dieser Ansatz kann als Grundlage zur späteren Weiterentwicklung dienen. Da neben guten Programmierkenntnissen sowie vorzugsweise Kenntnissen in der Shaderprogrammierung, vorallem umfangreiches Wissen der physikalischen Hintergründe zur Wassersimulation, Wellen und deren Berechnung erforderlich ist, übersteigt dies den Aufgaben-, sowie Zeitrahmen dieses Projektes. Ein qualitativ hochwertiges Ergebnis ist daher unter diesen Umständen kaum realisierbar. Um einen unendlichen Ozean grundlegend zu erschaffen, muss zuerst die Geometrie, die den Ozean repräsentiert, das Mesh, entwickelt werden. Dieses wurde in *Blender* erstellt und für *Unity3D* importiert. Über **GameObject > Create Empty** wird zuerst ein leeres GameObject erstellt und benannt (Ocean Own). **Ocean Own** nutzt den **Water Layer**, welcher im Drop Down-Menü **Layer** einzustellen ist. Layers sind eine zusätzliche Option, um Objekte zu gruppieren und sie speziellen Regeln unterzuordnen oder zum Beispiel von bestimmten Rendering Vorgaben oder Physics-Techniken auszunehmen. Außerdem werden sie in Verbindung mit dem Raycasting verwendet, um ausgewählte Collider zu ignorieren oder Kollisionen hervorzurufen. Im Inspector kann der Layer über ein Drop Down-Menü ausgewählt werden. Über **Add Component > Mesh > Mesh Filter** wird eine Meshkomponente hinzugefügt. Im Inspector kann das zuvor importierte **Mesh Circle** augewählt werden. Als zweite Komponente wird ein **Mesh Renderer** über **Add Component > Mesh > Mesh Renderer** hinzugefügt. Dieser rendert die Geometrie des Mesh Filters an der in der Transform-Komponente definierten Position. Die aktivierten Einstellungen **Cast Shadows** und **Receive Shadows** bewirken die Erzeugung und Abbildung von Schatten. Der **Ocean** nutzt das Material **mat_ocean** und den Shader **Specular**. Der Shader beeinflusst die visuelle Qualität beträchtlich. Der Einsatz eines hochwertigeren Shaders ist ein Ansatzpunkt zur Weiterentwicklung. Außerdem sind zur Steigerung der optischen Qualität Anpassungen notwendig, damit sich die Texturen nicht einfach mit der Kamera mitbewegen.

4.3.1 Mesh Waves (Script)

Über das **Mesh Waves Script** wird die Bewegung des **Ocean Own** gesteuert. Über **Add Component > New Script** wird das Script erstellt und editiert. Die Wellenberechnung beruht auf der Überlagerung von Sinuswellen verschiedener Amplitude und Phase. Im Inspector werden die Werte für **Height, Speed, Lenght X** und **Lenght Z** festgelegt, welche die Wellenstärken beeinflussen.

Mesh Waves Script

```
1
  using UnityEngine;
3 using System.Collections;

5 public class meshWaves : MonoBehaviour{

7   public float f_height = 1;
    public float f_speed = 1;
```

```
 9    public float f_lengthX = 1;
11    public float f_lengthZ = 1;

13    private Vector3[ ] v3_baseHeight;

15    void Update ( )
      {
17
        Mesh waveMesh = GetComponent<MeshFilter>( ).mesh;
19

21      if(v3_baseHeight == null)
          v3_baseHeight = waveMesh.vertices;
23
        Vector3[ ] v3_vertices = new Vector3[v3_baseHeight.Length];
25
        for(int i=0; i<v3_vertices.Length; i++)
27      {
          Vector3 v3_vertex = v3_baseHeight[i];
29

31    v3_vertex.y +=(float)(f_lengthX * ( f _ h e i g h t *0.5f)*
      Mathf.Sin(Time.time
            * f_speed + ((v3_baseHeight[i].x + v3_baseHeight[i].y)))
            + f_lengthZ * (f_height*0.5f)* Mathf . S i n ( Time . time
33          * f_speed +
              ((v3_baseHeight[i].z + v3_baseHeight[i].y))));
35        v3_vertices[i] = v3_vertex;
        }
37
        waveMesh.vertices = v3_vertices;
39      waveMesh.RecalculateNormals( );

41
        Destroy(GetComponent<MeshCollider>( ));
43
        MeshCollider col = GetComponent<MeshCollider>( );if
45      (col == null)
        {
47        col = gameObject.AddComponent<MeshCollider>( );
          col.isTrigger = true;
49      }
      }
51 }
```

Quellcode 4.7: Mesh Waves - Wellenberechnung

4.3.2 Ocean Position (Script)

Der verwendete Shader bestimmt das visuelle Erscheinungsbild. Die Berechnung der Refraktionen durch den Shader funktioniert nur korrekt, wenn der **Ocean Own** auch vom Shader bewegt wird. Ein Verbesserungsansatz erfordert hier die Einarbeitung in die Shader-Programmierung. Davon abgesehen erfordert die Simulation eines offenen, unendlichen Ozeans, wie bereits erklärt, ein dynamisches Mesh, das je nach Position unterschiedlich hoch aufgelöst ist. Die Variable **Tr target** im Ocean Position Script gibt die Ausrichtung vor. Das **Ocean Position Script** passt das Center des **Ocean Mesh** an die Position der Yacht und der Blickrichtung des sich darauf befindenden Players an und sorgt so für die hohe Auflösung der Meshgeometrie in der Nähe der Yacht bzw. des Players. Dazu wird bei **Tr target** das GameObject **Yacht** ausgewählt. Pro Frame wird die Position des Mesh in Abhängigkeit der Tr target-Position aktualisiert.

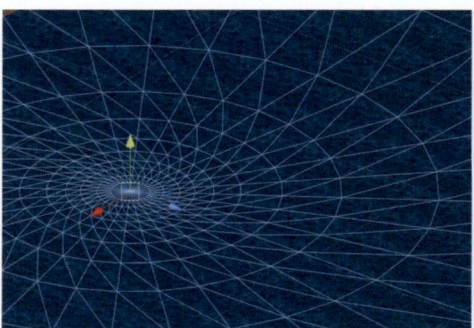 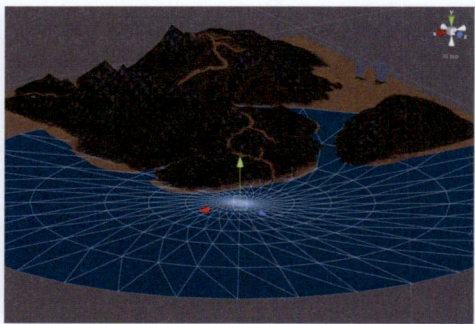

Abbildung 4.5: Ocean Own Mesh

Ocean Position Script

```
1  using UnityEngine;
   using System.Collections;
3
   public class oceanPosition : MonoBehaviour
5  {
7    public Transform tr_target;
     private Vector3 v3_newPos;
9
     void Update ( )
11   {
       v3_newPos = tr_target.position;
13     v3_newPos.y = transform.position.y;
       gameObject.transform.position = v3_newPos;
15   }
   }
```

Quellcode 4.8: Ocean Position - Aktualisierung der Mesh-Position

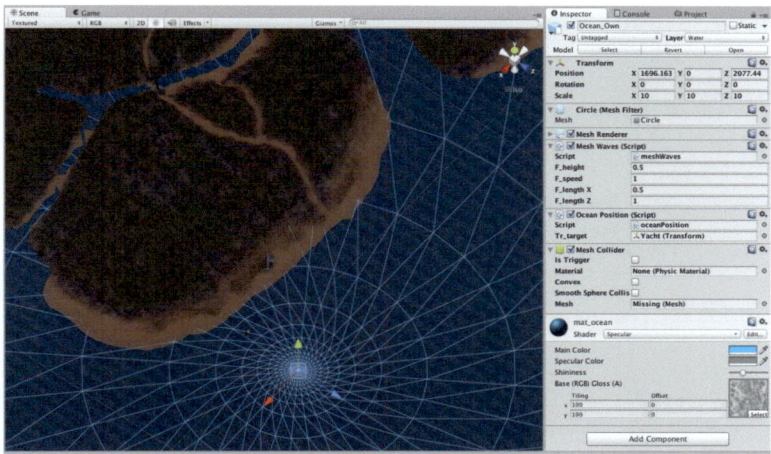

Abbildung 4.6: Ocean Own Mesh, radialsymmetrisch mit abnehmender Dichte nach außen

4.3.3   Wave Floater (Script)

Da der **Ocean** aufgrund der unterschiedlichen Auflösung des **Ocean Mesh** der animierten Yacht folgen muss, ist die Berechnung mit Sinusfunktionen nicht ausreichend für eine überzeugende Simulation. Auf diese Weise bewegt sich die Yacht nicht realistisch durch den **Ocean**. Zur Lösung dieses Problems müsste ein System entwickelt werden, das auf die Translation des **Ocean Mesh** reagiert und die Kurven, die Wellen, entsprechend verschiebt. Das **Wave Floater Script** wird der **Yacht** angehängt und steuert das Treiben (Floating) auf dem Wasser. Der Array **tr_floatingPoints** enthält alle **Floating Points**, Punkte, an deren Position die Wasserhöhe definiert wird. In der Update-Funktion werden über das Aussenden eines **Raycast** die Floating Points abgefragt, nachdem die Positionen des aktuellen Transforms zuvor gespeichert wurden. Daraufhin werden alle Floating Points durchgegangen. Mit der Variable **waterLevel = hit.point.y** wird der Y-Wert (Höhe) des Punktes, an dem der Raycast auf der Wasseroberfläche aufgekommen ist, gespeichert. Anschließend erfolgt die Berechnung der Kraft, die nötig ist, um ein Objekt an die Wasseroberfläche zu bewegen. Daraufhin muss die tatsächliche Kraft (Lift), die zum Anheben des Objektes im Wasser benötigt wird sowie das **dampening**, die Abfederung, berechnet werden. Durch **rigidbody.AddForceAtPosition** wird die berechnete Kraft (Force) dem Rigidbody an der Position des Transforms mitgegeben.

Wave Floater Script

```
using UnityEngine;
using System.Collections;

public class waveFloater : MonoBehaviour
{
    public float f_waterLevel = 0;
    public float f_floatLevel = 1;
    public float f_dampening = 0.05f;
    public float f_raycastOffset = 10;

    public Transform[] tr_floatingPoints;

    void Start ()
    {
        if(tr_floatingPoints == null)
            tr_floatingPoints = new Transform[1]{transform};
    }

    void Update ()
    {
        for(int i=0; i<tr_floatingPoints.Length; i++)
        {
            Vector3 v3_point = tr_floatingPoints[i].position;
            Vector3 v3_offset = new Vector3(0,f_raycastOffset,0);Vector3
                v3_rayOrigin = v3_point + v3_offset;
            RaycastHit hit;
            LayerMask layer = 1<<4;

            if(Physics.Raycast(v3_rayOrigin, -Vector3.up,out hit,
                Mathf.Infinity,layer))
                f_waterLevel = hit.point.y;

            float f_force = ((1 - ((v3_point.y -
                f_waterLevel)/f_floatLevel))/tr_floatingPoints.Length);

            if(f_force > 0)
            {
                float f_lift = -Physics.gravity.y*(f_force-rigidbody.velocity.y*
                    ((f_dampening/tr_floatingPoints.Length)*Time.deltaTime));

                rigidbody.AddForceAtPosition(new Vector3(0,f_lift,0),v3_point);
            }
        }
    }
}
```

Quellcode 4.9: Wave Floater - Raycast und Floating Points zur Buoyancy-Berechnung

Abbildung 4.7: Ocean Own im Game View

4.4 Yacht

Unity3D bietet die Möglichkeit 3D-Modelle zu importieren und in der Game Scene zu verwenden. Die Modelle können in anderen Programmen, wie zum Beispiel *Maya* oder *Blender* erstellt werden oder direkt aus dem Unity Asset Store geladen und in das eigene Projekt importiert werden. Zur Visualisierung der Yacht wird zuerst das 3D-Modell **Luxury Yacht** aus dem Unity Asset Store geladen. Das Yacht Package enthält das **Yacht Prefab**, **Yacht Mesh**, **Material** und **Textur**.

Abbildung 4.8: 3D-Modell Luxury Yacht [1]

Ein Klick auf das Yacht Mesh im Project View zeigt die Importeinstellungen des 3D-Modells an. Der **Scale Factor** (1) legt die Größe des importierten Modells fest. Über die Transform-Komponente kann die Yacht positioniert und rotiert werden. Über **Add** > **Component** > **Mesh** werden die Komponenten **Mesh Filter** und **Mesh Renderer** hinzugefügt. Bei Mesh wird das **Yacht Mesh** und das Material **mat_yacht** hinzugefügt.

---

[1] https://www.assetstore.unity3d.com/#/content/4419; Zugriff: 22.04.14

Die **Rigidbody**-Komponente (**Add Component > Physics > Rigidbody**) verleiht der Yacht physikalische Eigenschaften und Kräfte. Ist **Use Gravity** aktiviert wird das Yachtmodell durch Schwerkraft beeinflusst und interagiert mit Szenenobjekten unter dem Einfluss spezieller Kräfte durch angehängte Scripte. **Mass** (5) bezeichnet die Masse der Yacht. Die relative Masse bestimmt, wie sich das Modell bei einer Kollision mit einem anderen Objekt verhält. Der eingetragene Wert sollte nicht mehr oder weniger als das Hundertfache der Werte der anderen Rigidbodies in der Szene betragen. **Drag** und **Angular Drag** erhalten den Wert 2 und bezeichnen die Auswirkung des Luftwiderstandes auf das Modell. 0 bedeutet keinen Luftwiderstand, während iinfinity zum Stillstand des Modells führt. Ein niedriger Drag-Wert lässt das Modell schwer erscheinen, ein hoher Wert leicht. Is **Kinematic** bleibt deaktiviert, damit die Yacht durch die Physics Engine bewegt werden kann. Mit **Interpolate** kann eine sprunghafte, ruckartige Rigidbody-Bewegung gedämpft werden. **Collision Detection** wird verwendet, um die Kollision bei sich schnell bewegenden Objekten zu beschreiben. **Discrete** i s t der voreingestellte Wert zur Kollisionserkennung aller in der Szene vorhandenen Collider. Für eine akkurate Kollision und damit ein Player auf der Yacht positioniert werden kann, erhält die Yacht einen **Mesh Collider** über **Add Component > Physics > Mesh Collider**. Dieser bildet auf Basis des Yacht Mesh einen Collider. Daher ist im Slot Mesh das Yacht Mesh zugeordnet. Zur besseren Übersichtlichkeit wird das **Yacht Mesh** in der Hiera chy in **Yacht** umbenannt. Im folgenden Script wird das Verhalten der Yacht in Abhängigkeit der Wellendaten berechnet und eine visuell passende Bewegung generiert.

4.4.1   Buoyancy Indie (Script)

Die Stärke der Wellen des **Ocean Indie** interagiert mit dem Schiffsmodell über das **Buoyancy Indie Script**, das der Yacht zugewiesen wird. Anhand der Position der Yacht im Wasser, basierend auf vier quadratisch angeordneten Messpunkten, wird die durchschnittliche Wasserhöhe um das Schiff berechnet. Über die Höhendifferenz der zwei Messpunkte in Längs- sowie Querrichtung des Modells wird die Neigung der Yacht berechnet. Höhe und Neigung können über die Parameter **Spread**, **Offset** und **Tilt** beeinflusst werden. Geeignete Werte sind dabei abhängig von anderen Parametern wie der Fahrtgeschwindigkeit der Yacht und der Wellenstärke des Ozeans. So muss beachtet werden, dass bei der Fahrt durch das Wasser andere Kräfte auf die Yacht wirken als beim Treiben auf dem Wasser und in der Folge das Verhalten der Yacht unterschiedlich beeinflussen. Besondere Schwierigkeit besteht hier darin, die sich völlig unterschiedlich äussernden Bewegungen einer Yacht (Treiben/Schwanken) bei variablen Geschwindigkeiten, zu simulieren. So soll die Yacht die Wellenbewegungen aufnehmen und die Stärke des Schwanken realistisch anpassen, sowohl im Stand als auch während der Fahrt durch das Wasser.

Buoyancy Indie Script

```
1   using UnityEngine;
    using System.Collections;
3
    public class BuoyancyIndie: MonoBehaviour
5   {
        public GameObject ocean;
7       OceanIndie m_ocean;

9       public float m_spread = 1.0f;
        public float m_offset = 0.0f;
11      public float m_tilt = 20.0f;

13      float lerpSpeed = 5;
        float lerpSpeedRotation = 1;
15
        void Awake( )
17      {
            if(gameObject.rigidbody != null)
19              Destroy(rigidbody);
        }
```

Quellcode 4.10: Buoyancy Indie - Yacht Buoyancy auf Ocean Indie

In der Realität erfolgt die Berechnung der Auftriebskraft für sich im Wasser befindende Objekte nach dem Archimedischen Prinzip, welches die Tatsache beschreibt, dass der Auftrieb eines Körpers genauso groß wie die Gewichtskraft des vom Körper verdrängten Objektes ist. Der Druckunterschied zwischen der Ober- und Unterseite des eingetauchten Objektes ist Ursache für die Auftriebskraft. Der Körper wird sich so lange aufwärts bewegen, bis durch die einwirkenden Kräfte ein Druckausgleich erreicht ist. Diese physikalische Begebenheit gilt es nachzubilden (Scherge, 2000). In Übertragung auf das **Buoyancy Indie Script** werden an der Stelle Spread die Messwerte des Wasserpegels an vier Positionen mit festen Abständen in X- und Y-Richtung um das Modell herum angegeben. Daraus wird anschliessend die durchschnittliche Höhe des Objektes (pos.y) und die Höhendifferenz in Längs- (X) und Querrichtung (Z) berechnet. Das Ergebnis dessen wird dem Objekt zugewiesen, dem das Script anhängt, der **Yacht**. Anschließend wird anhand der Euler Angles, die Neigung des Schiffes über die Höhendifferenz in X- und Y-Richtung gewichtet und mit einem Faktor Tilt eingestellt. Da sich die Wasserhöhe unterhalb der Yacht pro Zeitpunkt verändert und durch die Animation die Position der Yacht zum bestimmten Zeitpunkt festgesetzt wird, erscheint die Interaktion der Yacht mit den Wellen auf dem Weg zwischen den Positionen hüpfend und unrealistisch. Damit die Yacht auch während der Animation geschmeidig auf den Wellen treiben kann, ist es notwendig eine Dämpfung zwischen den Positionen einzubauen und diese auf den Wellen zu regulieren. Durch die lineare Interpolation von Rotation und Position wird die Yacht nicht direkt auf die neue Y-Koordinate gesetzt, sondern langsam hin geführt. Dabei wird die Nick- und Rollbewegung der Yacht auf die Wellensituation angepasst.

```
     void Start( )
2    {
        //GameObject  ocean  = GameObject.Find("Ocean");
4
        if(ocean == null)
6        {
            Debug.Log("AddBuoyancy::Start - Could not find ocean game object");
8            return;
        }
10
        m_ocean = ocean.GetComponent<OceanIndie>( );
12
        if(m_ocean == null)
14            Debug.Log("AddBuoyancy::Start - Could not find ocean script"); 16 }

18   void LateUpdate( )
     {
20      if(m_ocean)
        {
22         Vector3 pos = transform.position;

24         float ht0 = m_ocean.SampleHeight(pos + new Vector3(m_spread,0,0));
           float ht1 = m_ocean.SampleHeight(pos + new Vector3(-m_spread,0,0));
26         float ht2 = m_ocean.SampleHeight(pos + new Vector3(0,0,m_spread));
           float ht3 = m_ocean.SampleHeight(pos + new Vector3(0,0,-m_spread));
28
           pos.y = (ht0+ht1+ht2+ht3)/4.0f + m_offset;
30
           float dx = ht0 - ht1;
32         float dz = ht2 - ht3;

34         transform.position =
               Vector3.Lerp(transform.position,pos,Time.deltaTime*lerpSpeed); transform.
           rotation =
               Quaternion.Lerp(transform.rotation,Quaternion.Euler(new
               Vector3(-dz*m_tilt,transform.rotation.eulerAngles.y,dx*m_tilt)),
36         Time.deltaTime*lerpSpeedRotation);
        }
38   }
     }
```

Quellcode 4.11: Buoyancy Indie - Lineare Interpolation von Rotation und Position der Yacht

Abbildung 4.9: Yacht Buoyancy: im Wasser treibende Yacht. Die Tieflage der Yacht verändert sich permanent.

4.4.2   Particle Effects

Die immersive Yachtvisualisierung hat nicht nur einen hohen visuellen Anspruch, der realitätsnah approximiert werden muss. Auch dynamische Effekte zeigen die Auswirkungen des Verhaltens der Szenenobjekte. Die Interaktion von **Ocean** und **Yacht** wird nicht nur durch die Animation und die Bewegung der Yacht mit den Wellen verdeutlicht, sondern auch durch Wassereffekte an Bug und Heck der Yacht, die bei der Fahrt durch das Wasser entstehen. Mit Hilfe des **Particle Systems** können in *Unity3D* individuelle Wassereffekte kreiert werden. Dieses System besteht aus verschiedenen Modulen, die die Eigenschaften der Particles beschreiben. Entfernen oder Hinzufügen dieser Module beeinflusst das Verhalten des Particle Systems. Nach dem Hinzufügen der Komponente kann im Inspector über **Open Editor** der umfangreiche **Particle Editor** aufgerufen und Particles individuell gestaltet werden. Neben dem Particle System gibt es auch das **Legacy Particle System**, das aus drei separaten Komponenten, **Particle Emitter**, **Particle Animator** und **Particle Renderer** besteht. Particles können in Größe, Aussehen und Verhalten manipuliert werden. Darüberhinaus kann jedes einzelne Particle über ein Script direkt angesprochen werden. Über **Components** > **Create Empty** wird ein leeres GameObject erstellt und benannt (Particles). Unter diesem Parent werden die Wassereffekte zusammengefasst. Dazu wird ein weiteres leeres GameObject erstellt, benannt (**Water Splash**) und als Child von Particles angeordnet. Diesem Object wird über **Add Component** > **Effects** > **Legacy Particles** > **Ellipsoid Particle Emitter** eine Particle-Komponente hinzugefügt. Der **Ellipsoid Particle Emitter** (EPE) wird verwendet, um den Bereich der Entstehung und Geschwindigkeit der Particles festzulegen. Im Insector können alle Einstellungen zu Größe (**Min Size/Max Size**), Lebensdauer in Sekunden (**Min Energy/Max Energy**), Anzahl (**Min Emission/Max Emission**),   Startgeschwindigkeit (**World/Local/Rnd/Tangent/Angular Velocity**), Emittergeschwindigkeit (**Emitter Velocity Scale**) der einzelnen Particle vorgenommen werden. **Rnd Angular Velocity** und **Rnd Rotation** modifizieren Particles zufällig.

Ellipsoid skaliert die Ausbreitung (Sphere) der Particles entlang der X-, Y- und Z-Achsen. MinEmitterRange kreiert einen Hohlraum im Inneren der Sphere. Die Particles werden dann am Rand der Sphere generiert bzw. sichtbar. Nachdem der EPE am Heck der Yacht positioniert wurde, können die jeweiligen Einstellungen vorgenommen werden. Um dynamische Effekte zu kreieren wird die Komponente **Particle Animator** verwendet. Diese steuert wie sich die Particles über die Zeit verändern und bewegen. Auch Wind und Farberscheinung können so eingestellt werden. Über **Add Component > Effect > Legacy Particles > Particle Animator** wird diese Komponente hinzugefügt. Im Inspector werden die Farben (**Does Animate Color/Color Animation**), die Rotation (**World Rotation Axis/Local Rotation Axis**), das Wachstum (**Size Grow**) der Particles manipuliert. **Damping** steuert die Beschleunigung/Verlangsamung der Particles pro Frame. **Autodestruct** zerstört das Particle System sowie das angehängte GameObject nach Ablauf der Lebenszeit. Um die generierten Particles auf dem Bildschirm abzubilden, wird die Komponente Particle Renderer über **Add Component > Effects > Legacy Particles > Particle Renderer** erstellt. Das Material gibt dem Wassereffekt sein Aussehen. Dazu wird in der Einstellung Material das **Water Splash 1** Material dem Element 0 zugeordnet und die Größe (Size) 1 eingestellt. Mit diesem Material erhält der Wassereffekt sein typisches Aussehen. **Use Light Probe** und **Light Probe Anchor** sind Funktionen, die nur in der *Unity3D* Pro Version verfügbar sind. Sie wirken sich auf die Beleuchtung beweglicher Objekte aus. Die Ausdehnung abhängig von der Kameraposition (**Camera Velocity Scale**) zeigt den Wert 0. Mit **Stretch Particles** wird bestimmt wie die Particles gerendert werden. **Billboard** rendert diese in Kamerarichtung.

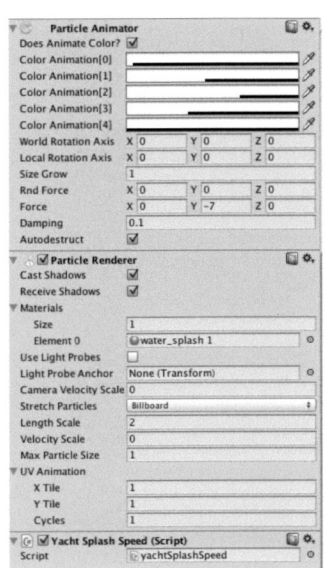

Abbildung 4.10: Inspectoreinstellungen der Partikelsysteme

4.4.3 Yacht Splash Speed (Script)

Da die Wassereffekte nicht zu jeder Zeit generiert werden sollen, sondern erst bei Fahrt der Yacht mit entsprechender Geschwindigkeit entstehen sollen, wird ein Script benötigt, das die Generierung der Particles manipuliert. Ist das Particle **Water Splash** in der Hierarchy ausgewählt, wird über **Add Component > New Script** ein neues Script zugewiesen und editiert. Das **Yacht Splash Speed Script** steuert die Entstehung der Particles während der Fahrt der Yacht. Die Beschleunigung der Yacht erhöht die Anzahl der generierten Particles proportional quadratisch zur gefahrenen Geschwindigkeit. Dazu wird die Geschwindigkeit der Particles, die zugleich auch die Geschwindigkeit der Yacht ist, da sich diese am Bug und Heck der Yacht befinden, berechnet, um mit den erhaltenen Werten die entsprechende Anzahl der emittierten Particles zu verändern. In der Berechnung wird, beruhend auf der Formel Geschwindigkeit = Weg / Zeit (v = s / t) die aktuelle Position der Particles von der Position im letzten Frame abgezogen und durch die seit dem letzten Frame vergangene Zeit dividiert. Da die Fahrtgeschwindigkeit vor und nach der Animation gegen 0 geht, die Yacht treibt auf dem Wasser, sind keine Particles zu sehen. Diese entstehen erst bei der Fahrt.

Berechnung für die Anzahl der emittierten Particles:
Exemplarisch aufgezeigt am Wert Speed = 2 (siehe auch Kommentare im Script Code)

```
Speed = 2
SpeedForFullAcceleration = 20
2 / 20 = 0.1 normiert
0.1² = 0.01
0.01 * minParticlesAtFullspeed = 0.01 * 200 = 2
→ minEmission = 2
```

Yacht Splash Speed Script

```
1  using UnityEngine;
   using System.Collections;
3
   [RequireComponent(typeof(ParticleEmitter))]
5  public class yachtSplashSpeed : MonoBehaviour {
     private float speed = 0f;
7    private float speedForFullAcceleration = 20f;
     private float speedNormed = 0f;
9    private float minParticlesAtFullspeed = 200f;
     private float maxParticlesAtFullspeed = 300f;
11   Vector3 lastPosition = Vector3.zero;

13
     void Start ( ) {
15
     }
17
     void FixedUpdate ( ) {
19     Vector3 distance = transform.position - lastPosition;

21     speed = distance.magnitude / Time.deltaTime; // =2

23     if(speed > speedForFullAcceleration) {
         speedNormed = 1f;
25   }
     else {
27     speedNormed = speed / speedForFullAcceleration; // =2 geteilt durch 20f = 0.1f

     }
29
     lastPosition = transform.position;
31
     if(Mathf.Pow(speedNormed,2)*minParticlesAtFullspeed > 1f &&
33     Mathf.Pow(speedNormed,2)*maxParticlesAtFullspeed > 1f && Mathf.
       Pow(speedNormed,2)*maxParticlesAtFullspeed >
      Mathf.Pow(speedNormed,2)*minParticlesAtFullspeed) {
35     particleEmitter.minEmission = Mathf.Lerp(particleEmitter.minEmission,
         Mathf.Pow(speedNormed,2)*minParticlesAtFullspeed, Time.deltaTime); //
         0.1f hoch 2 * 200f = 2f
       particleEmitter.maxEmission = Mathf.Lerp(particleEmitter.maxEmission,
         Mathf.Pow(speedNormed,2)*maxParticlesAtFullspeed, Time.deltaTime); //
         0.1f hoch 2 * 300f = 3f
37   }
     }
39 }
```

Quellcode 4.12: Yacht Splash Speed - Geschwindigkeitsabhängige Partikelgenerierung

Das erstellte Partikelsystem kann schließlich kopiert und an weiteren Stellen unterhalb der Yacht platziert werden.

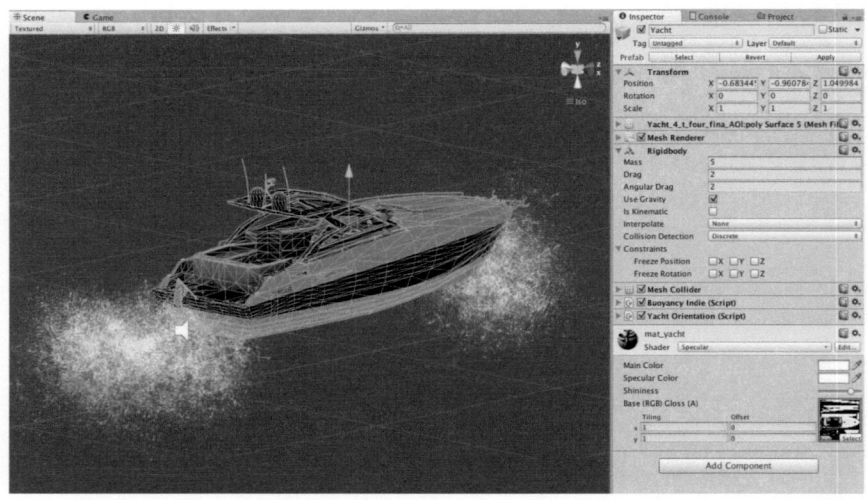

Abbildung 4.11: Yacht mit Partikelsystemen an Bug und Heck

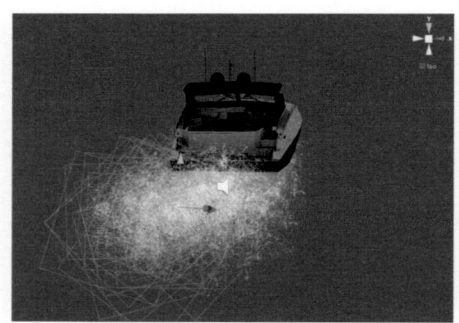 

Abbildung 4.12: Aktivierte Particles im Scene View

4.5 Audio

Audioelemente, Sound, machen eine virtuelle Umgebung lebendiger. Sie unterstützen die visuelle Darstellung auditiv und sind ein wichtiger Bestandteil, der zur Erhöhung des Immersionsempfindens beiträgt (Beier, 2000). Zur immersiven Yachtvisualisierung ist die Einbindung von Sound essentiell. Ein Passagier einer Yacht hört in der Realität neben den Geräuschen, die das Wetter erzeugt und dem Meeresrauschen auch den laufenden Motor der Yacht, insbesondere bei der Fahrt.

4.5.1   Sound in Unity3D

Sound wird in *Unity3D* durch eine **Audio Source**, die einen Audio Clip abspielt, wiedergegeben. Audio Clips können in verschiedenen Audioformaten (.aif, .wav, .mp3, .ogg) und als 2D- oder 3D-Clip importiert werden. Im Folgenden wird die Implementierung des Sound Clips **Boat Slow Speed** und anschliessend die Berechnung der Lautstärke im **Yacht Sounds Script** erläutert.

Nach dem Import der Audio File **Boat Slow Speed**[1] in das Projekt, ist diese als Audio Clip im Projektordner zu finden. Über **GameObject > Create Empty** wird ein leeres Objekt erstellt, benannt (Sounds) und in der Hierarchy zu einem Child des GameObjects Yacht gemacht. Ist **Sounds** in der Hierarchy ausgewählt, wird über **Add Component > Audio > Audio Source** die Audio-Komponente erstellt. Der Slot **Audio Clip** im Inspector referenziert die Audio File **Boat Slow Speed**, die abgespielt werden soll. Als 3D-Sound kann die Wiedergabe des Motorensounds in Abhängigkeit der Distanz zum Player kontrolliert werden. Entfernt sich der Player von der Yacht, nimmt auch die Lautstärke des implementierten Audio Clips mit der Entfernung ab. Mit **Play On Awake** und **Loop** wird der Sound mit dem Spielstart in einer Schleife wiedergegeben. Existieren in einer Szene mehr als eine Audioquelle gibt die Einstellung **Priority** an, welche der Audioquellen sich wie stark gegenüber den Übrigen durchsetzt. Empfohlen wird hier der Wert 128, während 0 die höchste und 256 die geringste Priorität bedeutet. **Volume** gibt die Lautstärke des Audio Clips bei der Entfernung von einem Meter zum Audio Listener an. Mit **Pitch** wird die abgespielte Geschwindigkeit eingestellt, der Wert 1 gibt die normale Playback-Geschwindigkeit an. Innerhalb der 3D-Sound Settings kann die Wiedergabe des 3D-Audio Clips weiter modifiziert werden.

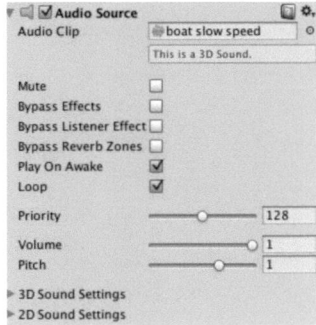

Abbildung 4.13: Inspector: Audio Source-Komponente mit Audio Clip

4.5.2   Yacht Sounds (Script)

Der Motor einer fahrenden Yacht produziert in der Realität üblicherweise einen höheren Lärmpegel als im Stillstand. Um dies auch virtuell zu verwirklichen, erhält die Sound-Komponente ein Script, das die Anpassung der Lautstärke in Abhängigkeit der gefahrenen Geschwindigkeit steuert.

---

[1]http://www.freesfx.co.uk/sfx/boat+slow+speed

Über **Add Component > New Script** wird das Script **Yacht Sounds** erstellt und editiert. In der Update-Funktion wird pro Frame die gefahrene Geschwindigkeit der Yacht ermittelt. In Abhängig der Geschwindigkeit ändert sich die Lautstärke des Motorensounds. Bei der Beschleunigung steigt die Lautstärke linear an.

Yacht Sounds Script

```
1  using UnityEngine;
   using System.Collections;
3
   [RequireComponent(typeof(AudioSource))]
5  public class yachtSounds : MonoBehaviour {
      public float idleVolume = 0.75f;
7     public float idlePitch = 0.4f;

9     private float rpmPitch = 0.0f;
      private float speed = 0f;
11    private float speedForFullAcceleration = 20f;
      private float speedNormed = 0f;
13    Vector3 lastPosition = Vector3.zero;

15    void Start ( ) {17

      }
19    void FixedUpdate ( ) {
         speed = (transform.position − lastPosition).magnitude / Time.deltaTime;
21
         if(speed > speedForFullAcceleration) {
23          speedNormed = 1f;
         }
25    else {
         speedNormed = speed / speedForFullAcceleration;
27    }

29    lastPosition = transform.position;

31    audio.volume = idleVolume +0.7f*Mathf.Abs(speedNormed);

33    rpmPitch = Mathf.Lerp(rpmPitch,Mathf.Abs(speedNormed), Time.deltaTime*0.4f); audio.pitch
      = idlePitch +0.7f*rpmPitch;
35    }
   }
```

Quellcode 4.13: Yacht Sounds - Geschwindigkeitsabhängige Lautstärkeberechnung

Berechnungsbeispiel der Motorlautstärke in Abhängigkeit der Fahrtgeschwindigkeit:

```
audio.volume = idleVolume+0.7f*Mathf.Abs(speedNormed) → 0.75 + 0.7 * 0.66 = 1.212
rpmPitch   =   Mathf.Lerp(rpmPitch,Mathf.Abs(speedNormed),   Time.deltaTime*0.4f)
→ Lerp zu 0.66
audio.pitch = idlePitch+0.7f*rpmPitch → 0.4 + 0.7* 0.66 = 0.862
→ Lautstärke nimmt linear mit dem Faktor 0,7 zu
```

4.6 Player

In der finalen Entwicklung, der virtuellen Welt, bewegt sich der User mit der Charakteristik des Players, der Spielfigur der Game Scene. Für ein überzeugendes und hinreichend realistisches Verhalten des Players auf der animierten Yacht, sollte dieser sich mit physikalischen Eigenschaften fortbewegen können, sowie von Kollisionen, Schwerkraft und anderen einwirkenden Kräften beeinflussbar sein. Dieses Verhalten kann durch verschiedene Komponenten der Physics Engine erreicht werden. *Unity3D* verwendet die Physics Engine *PhysX* von *NVIDIA*[1], eine built-in Software, die physikalisches Verhalten simuliert (Chen, 2013). Die jeweiligen Eigenschaften können in Form von Komponenten jedem GameObject zugewiesen werden. In dieser Szene soll das Verhalten des Players zwar realistisch anmuten, dennoch soll er sich schneller als ein Mensch in der Realität bewegen und das Yachtobjekt auch über das Wasser verlassen können. Die Verwendung von Rigidbody und Physics wäre hier nicht praktikabel und würde darüberhinaus zu Fehlern in der scriptbasierten Interaktion der Yacht, des sich darauf befindlichen Players und der Simulation des Ozeans führen. Zur First-Person- oder Third-Person-Steuerung wird in *Unity3D* hauptsächlich ein **Character Controller** verwendet. Das Programm stellt hierzu in den Standard Assets ein **First Person Controller Prefab** bereit. Zur individuellen Anpassung des Prefabs ist es wichtig zu verstehen, welche Aufgaben die einzelnen Komponenten erfüllen und inwieweit diese angepasst werden können. Im folgenden Abschnitt wird der Aufbau des Players und die vorgenommenen Einstellungen dargestellt.

Zur Erstellung des Players wird das First Person Controller (FPC) Prefab aus dem Standard Assets Ordner (**Standard Assets > Character Controllers > First Person Controller**) in die Szene gezogen und auf der Yacht platziert. Der FPC enthält die Komponenten Transform und **Character Controller** und trägt die Bewegung steuernden Scripte **Character Motor Script, Mouse Look Script, FPSInput Controller**. Der **Character Controller** kann als kapselförmiger Collider verstanden werden, der über Scripte Bewegungsbefehle erhält und ausführt, dessen Bewegung aber durch mögliche Kollisionen eingeschränkt werden kann. Im Inspector können die Abmessungen der Player-Kapsel, Höhe (**Height**) und **Radius** näher bestimmt werden. Ähnlich der Größe eines Menschen eignet sich der Wert von 2 (Metern). Der **Radius** muss individuell, je nach importiertem Yacht-Modell und dessen Abmessungen vor allem im Innenraum, eingestellt werden. Die Einstellungen bei **Slope Limit, Step Offset** und **Skin Width** bestimmen welche Steigung und Stufen der Character überwinden kann und wie weit der Collider von anderen Collidern durchdrungen werden kann.

---

[1] http://www.nvidia.de/page/home.html

 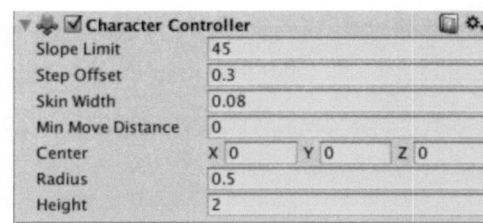

Abbildung 4.14: Character Controller. Links: Player auf Yacht.
Rechts: Character Controller-Komponente im Inspector

4.6.1   Character Motor (Script)

Das **Character Motor Script** steuert die Bewegung des Players. Im Inspector sind zahlreiche Bewegungseinstellungen möglich. Beispielsweise kann die Laufgeschwindigkeit individuell in verschiedenen Richtungen festgelegt werden. Einen Überblick der möglichen Einstellung zeigt die Abbildung 4.15. Das vollständige Script ist im Anhang aufgeführt.

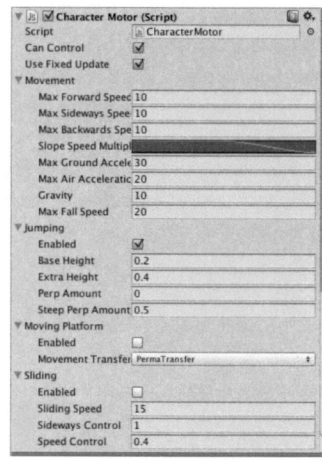

Abbildung 4.15: Inspector: Character Motor Script

4.6.2 FPSInput Controller (Script)

Das FPSInput Controller Script ermöglicht die Navigation des Players über die Tasten W, A, S, D (vorwärts, rückwärts, links und rechts) und die Leertaste (springen). Dabei werden virtuelle Axen zur Steuerung abgefragt. Neben W, A, S, D kann auch mit einem Joystick, Touchgesten oder den Pfeiltasten gesteuert werden. Die Bewegungen werden in einen directionVector umgesetzt und an den FPSInput Controller weitergegeben Da auch die Pfeiltasten mit Navigation belegt sind, mit diesen aber die Wetter- und Wasseränderungen umgestellt werden sollen, benötigt dieses Script eine spezielle Anpassung. Beim Klick auf die Pfeiltasten wird mit directionVector = new Vector3(0,0,0) ein Nullvektor gesetzt und damit keine Bewegung veranlasst. Der Player kann daraufhin nicht mehr mit den Pfeiltasten gesteuert werden.

FPS Input Controller Script

```
   private var motor : CharacterMotor;
2
   function Awake ( ) {
4     motor = GetComponent(CharacterMotor);
   }
6
   function Update ( ) {
8
      var directionVector;
10
      if (Input.GetKey(KeyCode.UpArrow) || Input.GetKey(KeyCode.DownArrow) ||
           Input.GetKey(KeyCode.LeftArrow) ||
12          Input.GetKey(KeyCode.RightArrow) || Input.GetKeyDown(KeyCode.UpArrow) ||
             Input.GetKeyDown(KeyCode.DownArrow) ||
         Input.GetKeyDown(KeyCode.LeftArrow) || Input.GetKeyDown(KeyCode.RightArrow)||
             Input.GetKeyUp(KeyCode.UpArrow) ||
14       Input.GetKeyUp(KeyCode.DownArrow) || Input.GetKeyUp(KeyCode.LeftArrow) ||
             Input.GetKeyUp(KeyCode.RightArrow)) {
         directionVector = new Vector3(0,0,0);
16    }
      else {
18       directionVector = new Vector3(Input.GetAxis("Horizontal"), 0,
         Input.GetAxis("Vertical"));
      }
20
      if (directionVector != Vector3.zero) {
22
      var directionLength = directionVector.magnitude;
24    directionVector = directionVector / directionLength;
26    directionLength = Mathf.Min(1, directionLength);
28    directionLength = directionLength * directionLength;
30    directionVector = directionVector * directionLength;
      }
```

```
32
34    motor . inputMoveDirection  =  transform . rotation  *  directionVector ;
      motor . inputJump  =  Input . GetButton ( "Jump" ) ;
    }
```
Quellcode 4.14: FPS Input Controller - Korrektur der Tastensteuerung

4.6.3 Main Camera

Die **Main Camera** agiert als Blickwinkel des Players und zeigt folglich die Sicht des Users, der sich in der virtuellen Szene befindet. Da der Player einen First Person-Charakter hat, ist dieser nicht in der Szene zu sehen. Stattdessen wird die Szene durch dessen Blickwinkel abgebildet. Die Main Camera als Child Object des Players ist auf Augenhöhe der Character Controller-Kapsel positioniert. Die Navigation der Main Camera erfolgt ebenfalls über ein **Mouse Look Script**, welches die Bewegung über die Y-Achse steuert. Die Kombination der Mouse Look Scripte von Player und Main Camera ermöglicht es sich über die Maus-Steuerung völlig frei umzusehen. Der Player kann gleichzeitig umherlaufen und sich umsehen. Einstellungen zum Sichtfeld bzw. Bildausschnitt, den die Main Camera abbildet, sind in der Hauptkomponente der Main Camera aufgeführt und werden im Abschnitt 4.8 näher erläutert. Bei der Erstellung des Players ist nicht nur zu berücksichtigen, dass dieser alle wichtigen Komponenten und Scripte besitzt, die notwendig sind, um sich frei in der Szene bewegen und umsehen zu können. Ebenso wichtig ist es auf welchem Untergrund der Player positioniert wird. Auf der Yacht muss der Player durch die Maus-/Tastensteuerung frei navigierbar sein, während dieser gleichzeitig von der animierten Yacht mitbewegt, transportiert, wird. Um ein Herunterfallen von der Yacht während der Animation zu vermeiden, wird der **Player** als Child des fahrenden Modells angelegt und in der Hierarchy der **Yacht** untergeordnet.

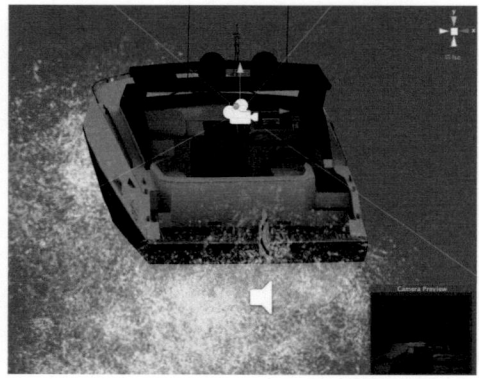

Abbildung 4.16: Player mit Main Camera

4.6.4 Position Control (Script)

Das Script **Position Control** steuert die Positionierung des Players durch Tasteneingabe I auf die **Insel** und Y auf die **Yacht**. Zudem ermöglicht dieses Script, dass der Player, sollte er ins Wasser fallen, nicht untergeht und auch nicht mehr den schwankenden Bewegungen der Yacht unterliegt. Dazu wird auf der Insel ein leeres GameObject über **GameObject > Create Empty** erstellt und **Island Spawn Point** benannt. In der Hierarchie findet sich **Island Spawn Point** als Child von **Island** wieder. Im Inspector wird anschliessend ein neues Script über **Add Component > New Script** erstellt und editiert. Die GameObjects **Player** und **Yacht** müssen den jeweiligen Slots im Inspector zugewiesen werden.

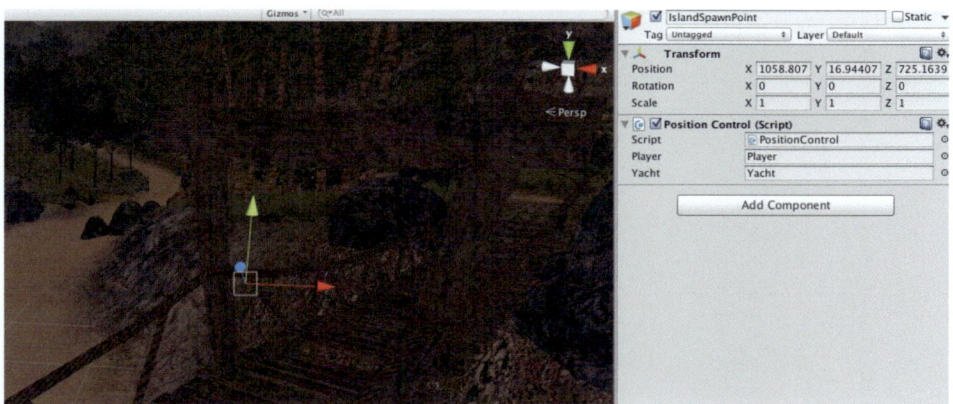

Abbildung 4.17: Position des Island Spawn Point

Position Control Script

```
1  using UnityEngine;
   using System.Collections;
3
   public class PositionControl: MonoBehaviour {
5
      public GameObject player;
7     public GameObject yacht;
9     void Start ( ) {
11    }
13    void Update ( ) {
         if (!yacht.renderer.bounds.IntersectRay(new
             Ray(player.renderer.bounds.center, Vector3.down))) {
15         player.transform.parent = null;
           player.transform.rotation = new Quaternion(0,
               player.transform.rotation.y, 0, player.transform.rotation.w);
```

```
17      }

19
        if(Input.GetKeyDown(KeyCode.Y))
21      {
            player.transform.parent = yacht.transform;
23          player.transform.localPosition = new Vector3(-0.7916446f, 2.311081f, -5.277342f);
        }
25      else if(Input.GetKeyDown(KeyCode.I))
        {
27          player.transform.parent = null;
            player.transform.position = this.transform.position;
29      }

31      if(player.transform.position.y < 0.5f) {
            player.transform.position = new Vector3(player.transform.position.x,
                0.5f, player.transform.position.z);
33      }
    }
35 }
```

Quellcode 4.15: Position Control - Positionierung des Players

In der Update-Funktion wird mittels **Raycast** überprüft, ob der Player sich auf der Yacht befindet. Dabei wird ein Startpunkt und eine Richtung bestimmt, mit dessen Parametern eine imaginäre Linie, ein Raycast, gezeichnet wird. Kreuzt dieser Raycast einen Collider, wird über die Länge des Raycast die Position des getroffenen Objektes ermittelt. Verlässt der Player die Yacht, wird dieser in der Hierarchy verschoben, die Child-Position wird aufgehoben. Außerdem wird die Ausrichtung der Main Camera des Players auf 0 gesetzt, um die durch das Schwanken der Yacht herbeigeführte Kamerabewegung (Rotation um die Z- und X-Achse) aufzuheben. Bei Aktivierung der **Taste Y** wird der **Player** in der **Hierarchy** der **Yacht** untergeordnet und auf eine fixe Position relativ zur Yacht gesetzt. Bei Aktivierung der **Taste I** wird der **Player** auf die Position des **Island Spawn Point** gesetzt, der sich auf der Insel befindet. Fällt der Player ins Wasser, sinkt dessen Y-Position unter 0. Das Script setzt diesen Wert wieder auf 0 und verhindert damit, dass der Player untergeht.

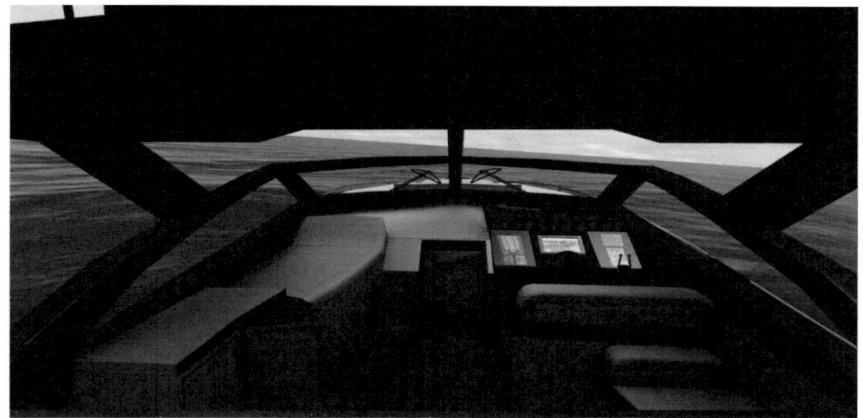

Abbildung 4.18: Innenraum der Yacht aus der Player-Sicht

4.7 Animation

Animationen bilden in der Entwicklung von computer-generierten Realitäten einen wichtigen Bestandteil der virtuellen Struktur. Die virtuelle Umwelt gewinnt durch Animationen an Dynamik und wird für den Nutzer zu einer lebendigeren Welt (Beier, 2000). Das realitätsnahe, dynamische Verhalten von Objekten in der virtuellen Welt steigert das Immersionsempfinden des Nutzers und erleichtert ihm so auch das Eintauchen in diese künstliche Umgebung (Slater & Wilbur, 1997). In der virtuellen Szene dieses Projektes kommt eine Animation zum Einsatz, die das Yachtmodell auf einem definierten Pfad auf dem Ozean bewegt. Die Wellenbewegungen des Ozeans beeinflussen die Yacht in Form von Auf -und Abbewegungen und Neigen zu den Seiten, sowohl während der Fahrt durch das Wasser als auch beim Treiben auf dem Ozean. Die Stärke dieser Bewegungen orientiert sich an der Aktivität des Ozeans und der Fahrgeschwindigkeit der Yacht. Dem User soll durch die visuelle Wahrnehmung der Yacht- und Wasserbewegungen und der vorbeiziehenden Insel der Eindruck vermittelt werden sich tatsächlich auf der fahrenden Yacht zu befinden. Was in der realen Welt auf den User wirken würde, soll auch in der computervermittelten Realität wahrgenommen werden. Neben der Intention die Immersion zu unterstützen, ist die genaue Approximation der Vorgänge der realen Welt auch wichtig, um eine virtuelle Realität bzw. eine mögliche Testumgebung oder prototypische Simulation optimal und wahrheitsgetreu abbilden zu können. Dies ist Voraussetzung für die Durchführung von Produkttests und Experimenten und damit für die Generierung wichtiger Informationen und Ergebnisse zur Weiterverarbeitung in der Produktentwicklung.

Während der softwaretechnischen Implementierung wurden verschiedene Wege zur Erstellung von Animationen getestet. Jede einzelne Methode eignet sich je nach Aufgabe mehr oder weniger gut. Die finale Entwicklung entstand unter Verwendung von **iTween**, einem Animationstool, das Positionswerte über einen zugewiesenen Zeitraum interpoliert. Dieses Interpolationssystem kann in allen von *Unity3D* unterstützten Programmiersprachen angewendet werden.

Da iTween eine C# -Datei ist, bietet sich die Sprache C# an, auch in Anlehnung an die in den bereits entwickelten Scripten verwendete Programmiersprache. **ITween** liefert den **Visual Editor** für **iTween Motion Paths** und erlaubt damit die visuelle Erstellung eines Animationspfades (motion path), indem ein Pfad für die Bewegung der Yacht zwischen Start- und Endpunkt der Animation festgelegt wird. Nach dem Laden aus dem Unity Asset Store, kann iTween in das Projekt über **Assets** > **Import Package** importiert werden. Die Ordner **iTween** und **iTween Path** befinden sich nun im Projektordner und werden in der Project View angezeigt. Zur Bearbeitung des Pfades wird das **iTweenPath Script** in den Inspector gezogen und benannt (AnimationYacht). Node 1 und Node 2 bilden den Start- und Endpunkt des Animationspfades. Über **Node Count** werden drei weitere Nodes hinzugefügt, sodass der gesamte Pfad aus insgesamt 5 Nodes besteht. Die Positionen der Nodes werden durch Bewegen mit der Maus in der Scene View oder Eingabe der X-, Y- und Z-Koordinaten im Inspector festgesetzt. Es können beliebig viele iTweenPaths erstellt werden, indem neue iTweenPath Scripte in den Inspector gezogen und bearbeitet werden. Um den erstellten Animationspfad auf das GameObject **Yacht** anzuwenden wird über **Add Component** > **New Script** das Script **Start ITween Animation** erstellt.

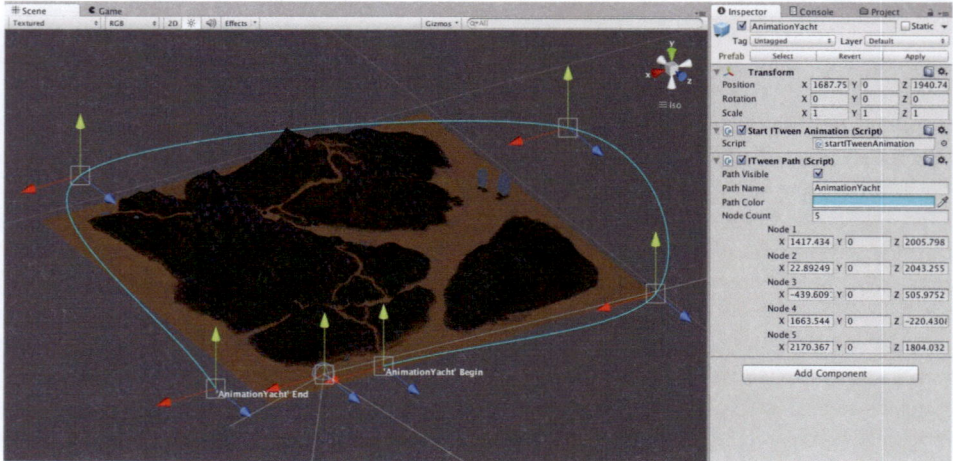

Abbildung 4.19: iTween Animationspfad

4.7.1 iTween Animation (Script)

```
1  using  UnityEngine;
   using  System.Collections;
3
   public  class  startITweenAnimation  :  MonoBehaviour
5  {
     void  Start  (  )
7    {
       iTween.MoveTo(gameObject,
         iTween.Hash("path",iTweenPath.GetPath("AnimationYacht"),
9        "speed",  3,
         //"time",  2400,
11       "eastype",  iTween.EaseType.easeInOutSine,
         //"orienttopath",  true,
13       //"lookahead",  0.01f
         //"looktime",  0.01f,
15       "axis",  "y"
         //"delay",1,
17       //"movetopath",  true
                                )) ;
19   }
   }
```

Quellcode 4.16: iTween Animation - Anpassung der Animation

Die Funktion (iTween.) **MoveTo(GameObject target, Vector3 position, float time)** ändert die Position eines GameObjects im Laufe der angegebenen Zeit. **Target** gibt an was **iTween** bewegen soll. **iTweenPath.GetPath("Name des Animationpfads")** spricht den Animationspfad an, dem das GameObject folgen soll. Die Variable Speed setzt die Geschwindigkeit der Animation fest, **easetype** bewirkt ein sanftes Gleiten zum Start und Ende der Animation. **EaseInOutSine** steuert das langsame Anfahren der Yacht und ebenso die Verringerung der Geschwindigkeit bis zum Endpunkt. Mit **orienttopath=true** richtet sich die Yacht auf den befahrenen Pfad aus. Mit **=false** würde die Yacht nach der ersten Richtungsänderung seitlich fahren, da diese in der Kurve nicht nach dem Weg ausgerichtet wird. **Lookahead**, 0.01f, gibt an wie streng orienttopath befolgt wird, angegeben in Werten von 0 bis 1. **Axis, y** bestimmt die Regelung nur über die Y-Achse. **Delay**, 1, gibt die Zeit in Sekunden bis zum Start der Animation an, während **movetopath** das animierte Objekt in einer Kurve zum Startpunkt der Animation bewegt. Über diese Einstellungen hinaus stehen eine Vielzahl an Variablen zur Definition im Script bereit[1].

---

[1]http://itween.pixelplacement.com/documentation.php; Zugriff: 22.04.14

Abbildung 4.20: Animierte Yacht

4.7.2 Yacht Orientation (Script)

Für eine realistische Animation, ist es wichtig, dass die Ausrichtung der Yacht beim Kurswechsel an die Pfadrichtung angepasst wird. Die im vorangegangenen Abschnitt beschriebene Variable **orienttopath** im **iTween Animation Script** erfüllt diese Anforderung nicht zufriedenstellend. Zur Lösung dessen wird das **Yacht Orientation Script (Add Component > New Script)** erstellt und der **Yacht** zugewiesen. Durch die Berechnung der Position zwischen zwei Frames (Verbindungsvektor) wird die Orientierung der Yacht um die Y-Achse an die Fahrtrichtung ausgerichtet. Das bedeutet der Bug der Yacht folgt der Bewegungsrichtung. Die Euler Angles beschreiben dabei die Orientierung der Yacht in Weltkoordinaten.

Yacht Orientation Script

```
   using UnityEngine;
2  using System.Collections;

4  public class yachtOrientation : MonoBehaviour
   {
6     Vector3 lastPosition = Vector3.zero;
      int frameDelay = 0;
8
      void Update ( ) {
10       Vector3 distance = gameObject.transform.position - lastPosition;

12       if (!float.IsNaN(Mathf.Acos(distance.x / distance.magnitude))) { gameObjec
            t.transform.eulerAngles = new
               Vector3(gameObject.transform.eulerAngles.x,
```

```
14       Mathf.LerpAngle(gameObject.transform.eulerAngles.y,
         90f - Mathf.Sign(distance.z) * (Mathf.Rad2Deg * Mathf.Acos(distance.x /
         distance.magnitude)), Time.deltaTime),
16       gameObject.transform.eulerAngles.z);
         //gameObject.transform.eulerAngles = newVector3(gameObject.transform.eulerAngles.x,
18       90f - Mathf.Sign(distance.z) * (Mathf.Rad2Deg * Mathf.Acos(distance.x /
           distance.magnitude)),
         gameObject.transform.eulerAngles.z);
20     }

22     lastPosition = gameObject.transform.position;
     }
24 }
```

Quellcode 4.17: Yacht Orientation - Ausrichtungskorrektur der animierten Yacht

Abbildung 4.21: Yacht bei der Fahrt mit unterschiedlicher Tieflage

4.8 Weather

Zur Erstellung des dynamischen Wetters wird das Entwicklungstool **UniSky** verwendet, ein Systempaket, um lebendige Himmel- und Wetterereignisse, sowie atmosphärische visuelle Effekte zu erschaffen. Vor dem Import des Packages in *Unity3D*, muss sicher gestellt werden, dass die Kamera **UniSky** erfassen kann. Das Kameramenü zeigt verschiedene Eigenschaften, die verändert werden können, um die Darstellung zu beeinflussen. Jede Kamera verwendet Farb- und Tiefeninformation beim Rendern des Sichtfeldes. Sind mehrere Kameras in der Szene implementiert, werden die Informationen aller Kameras als Puffer gesammelt und gespeichert. Rendert eine bestimmte Kamera die Sicht, kann die Sammlung der verschiedenen Farb- und Tiefeninformationen geklärt werden. Dazu werden die **Clear Flags** auf **Solid Color** und **black** eingestellt. So zeigt der leere Teil des Bildschirms die Hintergrundfarbe der aktivierten Kamera. Die **Far Clipping Plane** mit dem Wert 100000, bestimmt wie weit das Kamerablickfeld reicht. Mit diesem Wert kann die komplette Szene abgebildet werden. Die **Near Clipping Plane** mit dem Wert 0.3 bestimmt, ab welchem Punkt das Kamerablickfeld gerendert wird.

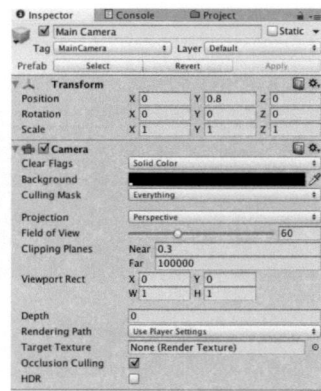

Abbildung 4.22: Inspector: Camera-Komponente. Kameraeinstellungen für UniSky

4.8.1   UniSky

Nach dem Import des UniSky Packages in die Szene, muss das **UniSkyAPI Prefab** in die Hierarchy gezogen werden. Hier befindet sich bislang neben dem **UniSkyAPI (Script) Editor** eine **Main Camera**, um die Szene abbilden zu können. Diese wird dem Slot Scene Camera im UniSkyAPI Editor zugewiesen. UniSky wird auf der Grundlage eines API, einer Schnittstelle zur Anwendungsprogrammierung, die der Datenübergabe zwischen den Modulen des Programmes bzw. Tools, dient, kontrolliert. **UniSkyAPI hält alle Daten bereit, auf die über das Weather Script zugegriffen** wird. Das API erscheint bei UniSky wie ein Editor und ermöglicht den Zugriff **auf die zugrundeliegende** Programmierung bzw. auf die Funktionen der Softwarelogik (engl. backend). Um dynamisches Wetter zu kreieren, müssen die Inhalte des **UniSkyAPI** über ein externes Script angesprochen und manipuliert werden. Im Editor können außerdem Einstellungen vorgenommen werden, die das API nicht kontrolliert, zum Beispiel Texturen für Mond und Sterne sowie Soundeffekte für das Wetter eingesetzt werden. Nachfolgend wird die Erstellung des Scriptes **Weather Control** dokumentiert und erläutert. Dazu wird ein leeres GameObject über **GameObject > Create Empty** erstellt. Da Scripte immer einem GameObject zugeordnet werden müssen, erhält dieses **GameObject** die Bezeichnung **Weather** und bildet mit den jeweiligen Komponenten in der Unity Hierarchy das Wetter. Dann wird über **Add Component > New Script** das Script **Weather Control** editiert. Nachfolgend werden die erstellten Inhalte dieses Scriptes erläutert.

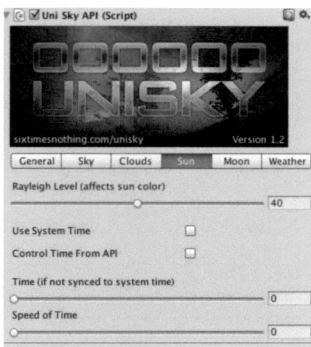

Abbildung 4.23: UniSkyAPI Editor

4.8.2 Weather Control (Script)

In nachfolgenden Ausschnitt des Script Codes wird UniSkyAPI instanziiert und die Klasse UniSky initialisiert. Die aufgelisteten Variablen werden mit Werten vorbelegt. Mit diesen Variablen wird auf das **UniSkyAPI Script** Einfluss genommen und dessen Funktionen ausgeführt. Darüberhianus wurden zur Optimierung weitere Variablen erstellt und eingesetzt, die nicht durch das UniSkyAPI bereitgestellt wurden. Das **Weather Control Script** startet in einem definierten Zustand = 1 (Wetterereignis 1). Die Geschwindigkeit beim Wechsel zwischen den Wettercases wird durch den Wert 10000 bestimmt, je höher der Wert, desto langsamer die Veränderung. Die folgenden Variablen können im Inspector eingestellt werden. Änderungen im Inspector haben höhere Priorität als die Standartwerte im Script. So kann zum Beispiel der Haken bei **clear Night Sky** gesetzt oder entfernt werden. Bei Aktivierung lösen sich die vorhandenen Wolken zum definierten Zeitpunkt auf, sodass Nachts ein wolkenklarer Himmel und Sterne zu sehen sind. Die Startzeit der Szene ist auf 13 Uhr voreingestellt und kann durch Eingabe einer anderen Tageszeit neu festgelegt werden. Durch Eingabe neuer Werte im Inspector werden die Script Standart Werte überschrieben. Beispielsweise startet die Szene mit der Tageszeit 11 Uhr bei Eingabe dieses Wertes im Inspector anstatt der im Script festgelegten Zeit (**timeOfDay = 13**). Mit der Einstellung **Speed of Time = 0.2**, wird ein Tag-/Nachtzyklus mit der jeweiligen Geschwindigkeit aktiviert.

Mit night2TimesFaster = true läuft die Nacht in der Szene mit doppelter Geschwindigkeit als der Tag ab, da die Nacht optisch weniger ereignisreich ist als der Tag. Diese Variable wurde zu Testzwecken eingesetzt und kann, wie alle public-Variablen, im Inspector aktiviert und deaktiviert werden. Die Variable **Flare sunFlare** l e g t fest, welche Textur für den Lichteffekt verwendet werden soll. Das Script weisst diesen Lichteffekt bei **Clear Sky** u n d **Light Cloudy Sky** z u. D i e S o n n e w i r d von UniSky erst zur Laufzeit generiert.

Weather Control Script

```
   using UnityEngine;
 2 using System.Collections;

 4 public class WeatherControl : MonoBehaviour
   {
 6      private UniSkyAPI uniSky;
        private int i_statusUniSky = 1;

 8
        float f_weatherChangeSpeed = 10000;
10      float f_cloudCoverForDay;
        float f_stormCloudCoverForDay;

12
        public bool b_clearNightSky = true;
14      public bool b_night2TimesFaster = true;
        public float f_timeOfDay = 13;
16      public float f_speedOfTime = 0.0f;
        public Flare sunFlare;

18
        float f_speedOfTimeInternal = 0.0f;
```

Quellcode 4.18: Weather Control - Definition der Variablenwerte

Anschließend wird die Funktion **Awake** aufgerufen. Innerhalb dieser wird **UniSkyAPI** und die ihm zugewiesene Script-Komponente **UniSkyAPI** gesucht. Die Funktion **uniSky.SetTime(f_timeOfDay)** ruft die Zeit für die Szene ab. Für den Start der Szene (Play Mode) sind Werte für einen wolkenfreien Himmel festgesetzt (**cloudCoverForDay=-5f;stormCloudCoverForDay =-3.5f;**).

```
 1      void Awake()
        {
 3          // Define instance
            GameObject uniSkyObject = GameObject.Find("UniSkyAPI");

 5
            if (!uniSkyObject)
 7          {
                Debug.LogWarning("The UniSky API object is not included in the scene or
                    has been renamed.");
 9          }
            else
11          {
                uniSky = (UniSkyAPI) uniSkyObject.GetComponent(typeof(UniSkyAPI));

13
```

```
15        if (!uniSky)
          {
              Debug.LogWarning("The UniSky API component is not attached to
              the UniSky API object.");
17        }
          else
19        {
              // Initiate and create default UniSky
21            uniSky.InstantiateUniSky();

23            // Set some initial states
              uniSky.SetTime(f_timeOfDay);
25            f_timeOfDay = f_timeOfDay;
          }
27    }

29    f_speedOfTimeInternal = f_speedOfTime;

31    uniSky.SetStormCenter(GameObject.Find("Player").transform.position);
      f_cloudCoverForDay = -5f;
33    uniSky.SetCloudCover(f_cloudCoverForDay);
      f_stormCloudCoverForDay = -3.5f;
35    uniSky.SetStormCloudCover(f_stormCloudCoverForDay);

37    m_switchWeather();
      }
```

Quellcode 4.19: Weather Control - Festlegung der UniSky Startwerte

In der zu jedem gerenderten Frame der Szene aufgerufenen Update-Funktion wird die Variable **speedOfTime** in festgesetzter Framerate **deltaTime** (im aktuellen Frame verstrichene Zeitraum) aufgerufen. Die Ausgabe ist ein gleichmäßiger Zeitfortschritt. Nach 24 Uhr wird die Schleife von vorne gestartet, also bei 0 Uhr.

```
void Update()2
    {
        #region Daytime
4       f_timeOfDay += f_speedOfTimeInternal * Time.deltaTime;

6       if (f_timeOfDay > 24.0f)
            f_timeOfDay -= 24.0f;
8
        UpdateTimeOfDay();
10      #endregion
```

Quellcode 4.20: Weather Control - Gleichmässiger Zeitfortschritt

Der Abschnitt **Weather Switch** kontrolliert die Tastensteuerung der sechs Wetterereignisse. In der Reihenfolge 1 bis 6 werden die Wettercases mit der rechten und linken Pfeiltaste angesteuert.

```
    #region Weather Switch
2   if(Input.GetKeyDown(KeyCode.RightArrow))
    {
4       i_statusUniSky++;

6       if(i_statusUniSky > 6)
            i_statusUniSky = 1;
8
        m_switchWeather( );
10  }
    else if(Input.GetKeyDown(KeyCode.LeftArrow)) 12    {

14      i_statusUniSky --;

16      if(i_statusUniSky < 1)
            i_statusUniSky = 6;
18
        m_switchWeather( );
20  }
    #endregion
22  }
```

Quellcode 4.21: Weather Control - Wetteränderung durch Tastendruck

In der **UpdateTimeOfDay**-Funktion wird die Dauer der Tages- und Nachtzeit und die zum jeweiligen Zeitpunkt herrschenden Lichtverhältnisse festgelegt. Die Variable **Mathf.Lerp** interpoliert dabei zwischen den angegebenen Ambient Light-Werten um den Wert t (Minimum, Maximum, Time.time). Um 7.00 Uhr startet der Sonnenaufgang, um 17 Uhr der Sonnenuntergang. Die Variable **clearNightSky** wird mit Werten belegt. Ab 17 Uhr lösen sich die Wolken auf und entstehen, je nach eingestelltem Wettercase, ab 5 Uhr morgens wieder. Die Nacht läuft mit der doppelten Geschwindigkeit des Tages ab (s**speedOfTimeInternal = speedOfTime * 2**).

```
    void UpdateTimeOfDay( ) 2
    {
        uniSky.SetTime(f_timeOfDay);
4       float ambient;

6       if (f_timeOfDay < 5 || f_timeOfDay > 19)
        {
8           ambient = 0.13f; // Night
            if(b_night2TimesFaster) {
10              f_speedOfTimeInternal = f_speedOfTime * 2;
            }
12      } else if (f_timeOfDay > 7 && f_timeOfDay < 17)
        {
14          ambient = 0.3f; // Day
```

```
16          f_speedOfTimeInternal = f_speedOfTime;
        } else if (f_timeOfDay <= 7)
        {
18          ambient = Mathf.Lerp(0.13f, 0.3f, (f_timeOfDay - 7) / 2); // Sunrise
        } else
20      {
            ambient = Mathf.Lerp(0.3f, 0.13f, (f_timeOfDay - 17) / 2); // Sunset
22      }
        uniSky.SetAmbientLighting(new Color(ambient, ambient, ambient, 1));
24
        //No clouds at night
26      if(b_clearNightSky)
        {
28          if (f_timeOfDay < 4 || f_timeOfDay > 17) {
                uniSky.LerpCloudCover(-5f, f_weatherChangeSpeed);
30              uniSky.LerpStormCloudCover(-3.5f, f_weatherChangeSpeed);
            }
32          else {
                uniSky.LerpCloudCover(f_cloudCoverForDay, f_weatherChangeSpeed
                    / 2);
34              uniSky.LerpStormCloudCover(f_stormCloudCoverForDay, f_weather
                    ChangeSpeed / 2);
            }
36      }
    }
```

Quellcode 4.22: Weather Control - Tag- und Nachtzyklus

Abbildung 4.24: Sonnenaufgang im Day-/Nightcycle

Abbildung 4.25: Sonnenuntergang im Day-/Nightcycle

In diesem Abschnitt werden den sechs verschiedenen Wettercases **Clear Sky, Cloudy Sky, Heavy Cloudy Sky, Light Rain, Heavy Rain** u n d T **hunderstorm** die jeweiligen W e r t e zugewiesen. Die Ausprägungen des Wetters werden durch folgende Variablen bestimmt:

- **uniSky.LerpCloudCover** bestimmt die Stärke der Bewölkung im Wertebereich von -5 bis 5

- **uniSky.LerpFogLevel** beeinflusst die Stärke des Nebels im Wertebereich von 0 bis 0.03

- **uniSky.LerpCloudSpeedDirection** bestimmt die Richtung, die Geschwindigkeit und die Entwicklungsstärke der Wolken im Wertebereich von 0 bis 1 und den Achsen X, Y und Z

- **uniSky.LerpColorVariance** bestimmt die Wolkenfarbe

- **uniSky.LerpDropletLevel** bestimmt die Anzahl der Regentropfen auf dem Bildschirm für den Image Effect

- **uniSky.LerpGlowVariance** bestimmt die Leuchtintensität am Wolkenrand im Wertebereich von 0 bis 10

- **uniSky.LerpPrecipitationLevel** bestimmt die Dunkelheit des Main Cloud Layers im Wertebereich von 0 bis 2. Je niedriger der Wert, desto dunkler

- **uniSky.LerpRainLevel** bestimmt die Regenstärke im Wertebereich 0 bis 1000

- **uniSky.LerpStormCloudCover** b e s t i m m t d i e A u s p r ä g u n g d e s S t o r m C l o u d L a y e r s i m Wertebereich von -3.5 bis -1.0

- **uniSky.LerpStormLevel** bestimmt die Stärke heftigen Regens im Wertebereich 0 bis 200

- **uniSky.LerpSunIntensity** bestimmt die Intensität des Sonnenlichtes im Wertebereich 0 bis 0.5. Je kleiner der Wert, desto geringer die Sonnenintensität.

- **uniSky.LerpViewDistance** bestimmt die Sichtweite. Je kleiner der Wert, desto näher kommen die Wolken dem Meeresspiegel

- **uniSky.SetLightningFrequency** bestimmt die Frequenz von Blitz und Donner im Wertebereich von 0 bis 100. Je höher der Wert, desto frequenter.

- **sunLight.flare = sunFlare** Sun Flare ist aktiviert

- **sunLight.flare = new Flare( )** Sun Flare ist deaktiviert

Da die Variable **ClearNightSky** den Himmel vor Nachteinbruch klärt, müssen neue Variablen erstellt werden, die den Bewölkungsgrad des Tages vor Sonnenuntergang speichern und diesen bei Tagesbeginn wieder aufrufen.
Die Variablen

- cloudCoverForDay

- stormCloudCoverForDay

müssen bei jedem Wettercase gesetzt werden.

```
1    void m_switchWeather( )
     {
3        Debug.Log("Set Weather to Status: " + i_statusUniSky.ToString());

5        switch(i_statusUniSky)
         {
7        case 1:
             m_createClearSky( );
9            break;
         case 2:
11           m_createCloudySky( );
             break;
13       case 3:
             m_createHeavyCloudySky( );
15           break;
         case 4:
17           m_createLightRain( );
             break;
19       case 5:
             m_createHeavyRain( );
21           break;
         case 6:
23           m_createThunderstorm( );
             break;
25       }
     }
27
     void m_createClearSky( )
29   {
         f_cloudCoverForDay = -5f;
31       uniSky.LerpCloudCover(f_cloudCoverForDay, f_weatherChangeSpeed);
         uniSky.LerpFogLevel(0, f_weatherChangeSpeed);
```

```
33          uniSky . LerpCloudSpeedDirection (new Vector3 (0.2f, 0.2f, 0.2f),
                f_weatherChangeSpeed) ;
            uniSky . LerpColorVariance (new Vector3 (1.5f, 1.5f, 1.5f),
                f_weatherChangeSpeed) ;
35          uniSky . LerpDropletLevel (0, f_weatherChangeSpeed) ;
            uniSky . LerpGlowVariance (1, f_weatherChangeSpeed) ;
37          uniSky . LerpPrecipitationLevel (2, f_weatherChangeSpeed) ;
            uniSky . LerpRainLevel (0, 0.0f, f_weatherChangeSpeed) ;
39          f_stormCloudCoverForDay = -3.5f ;
            uniSky . LerpStormCloudCover
                (f_stormCloudCoverForDay , f_weatherChangeSpeed) ;
41          uniSky . LerpStormLevel (0, 0.0f , f_weatherChangeSpeed) ;
            uniSky . LerpSunIntensity (0.5f , f_weatherChangeSpeed) ;
43          uniSky . LerpViewDistance (20 , f_weatherChangeSpeed) ;
            uniSky . SetLightningFrequency (0) ;
45
            Light sunLight =
                (Light)GameObject . Find ("Sun") . GetComponent (typeof(Light)) ;
47          sunLight . flare = sunFlare ;
        }
49
        void m_createCloudySky ( )
51      {
            f_cloudCoverForDay = -1.91f ;
53          uniSky . LerpCloudCover(f_cloudCoverForDay , f_weatherChangeSpeed) ;
            uniSky . LerpFogLevel(0, f_weatherChangeSpeed) ;
55          uniSky . LerpCloudSpeedDirection (new Vector3 (0.3f, 0.3f, 0.1f),
                f_weatherChangeSpeed) ;
            uniSky . LerpColorVariance (new Vector3 (1.5f, 1.5f, 1.5f), f_weatherC
                hangeSpeed) ;
57          uniSky . LerpDropletLevel (0, f_weatherChangeSpeed) ;
            uniSky . LerpGlowVariance (3.50f, f_weatherChangeSpeed) ;
59          uniSky . LerpPrecipitationLevel (0.98f , f_weatherChangeSpeed) ;
            uniSky . LerpRainLevel (0, 0.0f, f_weatherChangeSpeed) ;
61          f_stormCloudCoverForDay = -3.0f ;
            uniSky . LerpStormCloudCover
                    (f_stormCloudCoverForDay , f_weatherChangeSpeed) ;
63          uniSky . LerpStormLevel (0, 0.0f , f_weatherChangeSpeed) ;
            uniSky . LerpSunIntensity (0.45f , f_weatherChangeSpeed) ;
65          uniSky . LerpViewDistance (4.40f , f_weatherChangeSpeed) ;
            uniSky . SetLightningFrequency (0) ;
67
            Light sunLight =
                (Light)GameObject . Find ("Sun") . GetComponent (typeof(Light)) ;
69          sunLight . flare = sunFlare ;
        }
71
        void m_createHeavyCloudySky ( )
73      {
            uniSky . LerpCloudCover(1.95f , f_weatherChangeSpeed) ;
75          f_cloudCoverForDay = 1.95f ;
            uniSky . LerpFogLevel(0, f_weatherChangeSpeed) ;
77          uniSky . LerpCloudSpeedDirection (new Vector3 (0.3f, 0.3f, 0.1f),
```

```
                      f_weatherChangeSpeed);
                  uniSky.LerpColorVariance (new Vector3 (1.5f, 1.5f, 1.5f),f_weatherC
                      hangeSpeed);
79                uniSky.LerpDropletLevel (0,f_weatherChangeSpeed);
                  uniSky.LerpGlowVariance (1.25f,f_weatherChangeSpeed);
81                uniSky.LerpPrecipitationLevel (1.05f,f_weatherChangeSpeed);
                  uniSky.LerpRainLevel (0, 0.0f, f_weatherChangeSpeed);
83                uniSky.LerpStormCloudCover (-2.5f,f_weatherChangeSpeed);
                  f_stormCloudCoverForDay = -2.5f;
85                uniSky.LerpStormLevel (0, 0.0f,f_weatherChangeSpeed);
                  uniSky.LerpSunIntensity (0.3f,f_weatherChangeSpeed);
87                uniSky.LerpViewDistance (0.22f,f_weatherChangeSpeed);
                  uniSky.SetLightningFrequency(0);
89
                  Light sunLight =
                      (Light)GameObject.Find("Sun").GetComponent(typeof(Light));
91                sunLight.flare = new Flare();
              }
93
          void m_createLightRain()
95        {
                  f_cloudCoverForDay = 1.95f;
97                uniSky.LerpCloudCover(f_cloudCoverForDay,f_weatherChangeSpeed);
                  uniSky.LerpFogLevel(0,f_weatherChangeSpeed);
99                uniSky.LerpCloudSpeedDirection (new Vector3 (0.2f, 0.3f, 0.1f),
                      f_weatherChangeSpeed);
                  uniSky.LerpColorVariance (new Vector3 (1.5f, 1.5f, 1.5f),
                      f_weatherChangeSpeed);
101               uniSky.LerpDropletLevel (5,f_weatherChangeSpeed);
                  uniSky.LerpGlowVariance (1.25f,f_weatherChangeSpeed);
103               uniSky.LerpPrecipitationLevel (1.05f,f_weatherChangeSpeed);
                  uniSky.LerpRainLevel (800, 0.5f, f_weatherChangeSpeed);
105                   f_stormCloudCoverForDay = -2.5f;
                  uniSky.LerpStormCloudCover
                      (f_stormCloudCoverForDay,f_weatherChangeSpeed);
107               uniSky.LerpStormLevel (0, 0.0f,f_weatherChangeSpeed);
                  uniSky.LerpSunIntensity (0.3f,f_weatherChangeSpeed);
109               uniSky.LerpViewDistance (0.22f,f_weatherChangeSpeed);
                  uniSky.SetLightningFrequency(0);
111
                  Light sunLight =
                      (Light)GameObject.Find("Sun").GetComponent(typeof(Light));
113               sunLight.flare = new Flare();
              }
115
          void m_createHeavyRain()
117       {
                  f_cloudCoverForDay = 0.7f;
119               uniSky.LerpCloudCover(f_cloudCoverForDay,f_weatherChangeSpeed);uniSky.Lerp
                  FogLevel(0.005f,f_weatherChangeSpeed);
121               uniSky.LerpCloudSpeedDirection (new Vector3 (0.0f, 0.3f, 0.1f),
                      f_weatherChangeSpeed);
                  uniSky.LerpColorVariance (new Vector3 (1.5f, 1.5f, 1.5f),
```

```
                  f_weatherChangeSpeed);
123           uniSky.LerpDropletLevel (5,f_weatherChangeSpeed);
                  uniSky.LerpGlowVariance (1.5f,f_weatherChangeSpeed);
125           uniSky.LerpPrecipitationLevel (0.75f,f_weatherChangeSpeed);uniSky.Ler
              pRainLevel (6000, 0.7f, f_weatherChangeSpeed);
127           f_stormCloudCoverForDay = -1.8f;uniSk
              y.LerpStormCloudCover
                  (f_stormCloudCoverForDay,f_weatherChangeSpeed);
129           uniSky.LerpStormLevel (1000, 0.7f,f_weatherChangeSpeed);uniSky.Ler
              pSunIntensity (0.2f,f_weatherChangeSpeed);
131           uniSky.LerpViewDistance (0,f_weatherChangeSpeed);uniSky.S
              etLightningFrequency(0);
133
              Light sunLight =
                  (Light)GameObject.Find("Sun").GetComponent(typeof(Light));
135           sunLight.flare = new Flare( );
          }
137
      void m_createThunderstorm( )
139   {
              f_cloudCoverForDay = 0.8f;
141           uniSky.LerpCloudCover(f_cloudCoverForDay,f_weatherChangeSpeed);uniSky.Lerp
              FogLevel(0.01f,f_weatherChangeSpeed);
143           uniSky.LerpCloudSpeedDirection (new Vector3 (0.0f, 0.5f, 0.1f),f_weatherCh
                  angeSpeed);
              uniSky.LerpColorVariance (new Vector3 (1.5f, 1.5f, 1.5f),f_weatherC
                  hangeSpeed);
145           uniSky.LerpDropletLevel (5,f_weatherChangeSpeed);
              uniSky.LerpGlowVariance (1.5f,f_weatherChangeSpeed);
147           uniSky.LerpPrecipitationLevel (0.25f,f_weatherChangeSpeed);uniSky.Ler
              pRainLevel (10000, 1f, f_weatherChangeSpeed);
149           f_stormCloudCoverForDay = -1.4f;uniSk
              y.LerpStormCloudCover
                      (f_stormCloudCoverForDay,f_weatherChangeSpeed);
151           uniSky.LerpStormLevel (2000, 1f,f_weatherChangeSpeed);uniSky.Le
              rpSunIntensity (0.1f,f_weatherChangeSpeed);
153           uniSky.LerpViewDistance (0,f_weatherChangeSpeed);uniSky.S
              etLightningFrequency(100f);
155
              Light sunLight =
                  (Light)GameObject.Find("Sun").GetComponent(typeof(Light));
157           sunLight.flare = new Flare( );
          }
159 }
```

Quellcode 4.23: Weather Control - Wertedefinition der Wettercases

Abbildung 4.26: Sun Flare im Clear Sky-Wettercase

Abbildung 4.27: Clear Sky-Wettercase

Abbildung 4.28: Cloudy Sky-Wettercase

Abbildung 4.29: Heavy Cloudy Sky-Wettercase

Abbildung 4.30: Light Rain Sky-Wettercase

Abbildung 4.31: Heavy Rain Sky-Wettercase mit leichtem Nebel

Abbildung 4.32: Thunderstorm-Wettercase bei Sonnenuntergang

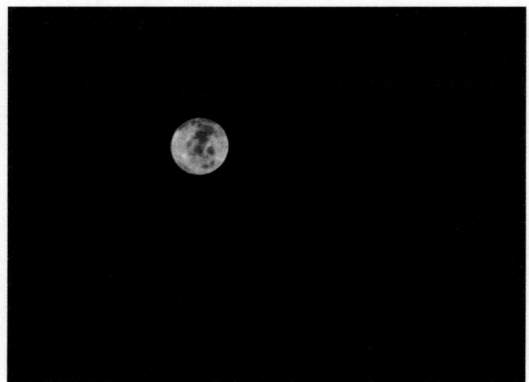

Abbildung 4.33: Mond und Sternenhimmel

4.9 Oculus Rift

„Virtual-Reality-Brillen gelten seit Jahren als das nächste große Ding – richtig gut war bisher keine. Die Oculus Rift jedoch löst dieses Versprechen endlich ein. Großes Sichtfeld, 3D, schnelle Reaktion" (Lischka, o. J.).

Die VR-Brille mit 110° Grad Sichtfeld ermöglicht eine immersive, stereoskopische 3D-Erfahrung. Besser als vergleichbare Videobrillen begünstigt sie das Eintauchen, "being there", in die virtuelle Welt (Heise, o. J.). Das 360° Grad Head-Tracking mit geringer Latenz erlaubt das nahtlose Umsehen in der virtuellen Welt und überzeugt in der räumlichen Wirkung ohne spürbare Verzögerung. Um die virtuelle Navigation auf der Insel und Yacht zu ermöglichen, wurde die entwickelte Szene schließlich zur Nutzung mit dem Head Mounted Display *Oculus Rift* der Firma *Oculus VR*[1] optimiert.

---

[1]http://www.oculusvr.com

4.9.1 Implementierung in Unity3D

Die Implementierung erfolgt über ein für *Unity3D Pro* bereitgestelltes Paket, das die benötigten Scripte enthält. Da die Nutzung mit einem HMD nur eine Kamera vorsieht, ist es problematisch, wenn mehr als eine Kamera in der virtuellen Szene vorhanden ist. Zur Lösung dessen wurde ein Script (**Cam Switcher**) entwickelt, das im Editor während der Verwendung des HMD im Play Mode die richtige Kamera zuweist und die übrigen Kameras deaktiviert.

4.9.2 Cam Switcher (Script)

Über **Tasteneingabe C** wird zwischen den vier eingesetzten Kameras, zwei Player-Kameras mit jeweiliger Oculus Rift-Anpassung gewechselt. Implementiert sind folgende Kameraansichten:

1. 1st Person auf der Yacht
2. 1st Person Oculus Rift
3. Yachtansicht (Yacht Cam Follow)
4. Yachtansicht Oculus Rift

Cam Switcher Script

```
1  public class camSwitcher : MonoBehaviour{

3      public GameObject[ ]
       camReg_Person ; public GameObject[ ]
       camOcu_Person ;
5      public GameObject[ ]
       camReg_Boat ; public GameObject[ ]
       camOcu_Boat ;

7      public int i_usedCam = 1;

9      UniSkyAPI uniSky ;
11
       void Start( )
13     {
           uniSky = GameObject.Find("UniSkyAPI").GetComponent<UniSkyAPI >( );
15     }

17     void Update ( )
       {
19         m_switchCam( );

21         switch(i_usedCam){
           case 1:
23
               if(uniSky.mainCamera != camReg_Person[0].camera){
25
```

```
                    m_deactivateRegBoat( );
27                  m_deactivateOculusPerson();
                    m_deactivateOculusBoat( );
                    m_activateRegPerson( );
29

31                  uniSky.mainCamera = camReg_Person[0].camera;
                }
33              break;
        case 2:
35          if(uniSky.mainCamera != camOcu_Person[0].camera){

37                  m_deactivateRegBoat( );
                    m_deactivateRegPerson( );
39                  m_deactivateOculusBoat();
                    m_activateOculusPerson( );

41
                    uniSky.mainCamera = camOcu_Person[0].camera;
43              }
                break;
45          case 3:
                if(uniSky.mainCamera != camReg_Boat[0].camera){
47
                    m_deactivateRegPerson( );
49                  m_deactivateOculusPerson();
                    m_deactivateOculusBoat( );
                    m_activateRegBoat( );
51

53                  uniSky.mainCamera = camReg_Boat[0].camera;
                }
55              break;
            case 4:
57              if(uniSky.mainCamera != camOcu_Boat[0].camera){

59                  m_deactivateRegBoat( );
                    m_deactivateRegPerson( );
61                  m_deactivateOculusPerson( );
                    m_activateOculusBoat( );
63
                    uniSky.mainCamera = camOcu_Boat[0].camera;
65              }
                break;
67      }
    }
69

    void m_switchCam( )
71  {
        if(Input.GetKeyDown(KeyCode.C)){
73
            if(i_usedCam < 4)
75              i_usedCam++;
            else
77              i_usedCam = 1;
        }
```

```
79        }

81        void  m_deactivateOculusPerson( ){

83            foreach(GameObject cam in
                  camOcu_Person) cam.gameObject.SetActive(false);

85        }

87        void  m_deactivateOculusBoat( ){

89            foreach(GameObject cam in camOcu_Boat)
                  cam.gameObject.SetActive(false);
91        }

93        void  m_activateOculusPerson( ){

95            foreach(GameObject cam in
                  camOcu_Person) cam.gameObject.SetActive(true);

97        }

99        void  m_activateOculusBoat( ){

101           foreach(GameObject cam in camOcu_Boat)
                  cam.gameObject.SetActive(true);
103       }

105       void  m_deactivateRegPerson( ){

107           foreach(GameObject cam in camReg_Person)
                  cam.gameObject.SetActive(false);
109       }

111       void  m_deactivateRegBoat( ){

113           foreach(GameObject cam in camReg_Boat)
                  cam.gameObject.SetActive(false);
115       }

117       void  m_activateRegPerson( ){

119           foreach(GameObject cam in camReg_Person)
                  cam.gameObject.SetActive(true);
121       }

123       void  m_activateRegBoat( ){

125           foreach(GameObject cam in camReg_Boat)
                  cam.gameObject.SetActive(true);
127       }
      }
```

Quellcode 4.24: Cam Switcher - Zuteilung der Oculus-Rift implementierten Kamera

5 Diskussion und Ausblick

Im Rahmen dieses Projektes wurde ein 3D-Yachtmodell zur virtuellen Begehung in einer interaktiven, computervermittelten Realität implementiert. Nach Analyse der Anforderungen an die Visualisierung der dynamischen Elemente der virtuellen Szene sowie den zu berücksichtigenden Problemen, wurden Ansätze zur (scriptbasierten) Realisierung des virtuellen Prototyps in einer dynamischen, interaktiven Umgebung ausgewählt und erarbeitet. Nach umfassender Behandlung des Aufbaus und Funktionsumfangs der Game Engine *Unity3D* wurden anschließend innerhalb dieser Entwicklungsumgebung die in Kapitel 2 vorgestellten Inhalte softwaretechnisch implementiert. Als Terrain wurde eine Insel mit abwechslungsreicher Vegetation importiert. Da die Gestaltung des Inselterrains bei diesem Projekt allerdings nicht im Fokus stand, bleibt hier Raum zur weiteren Ausgestaltung, vor allem dann, wenn die Navigation auch auf der Insel angedacht ist. Denkbar wären hier weitere Soundelemente oder Partikeleffekte in Form von Wasserfällen. Ein offener Ozean auf Mesh-Basis und FFT-Wellenberechnung mit amplitudenvariablen Wellengang, umgibt die Insel. Durch User Input können die Wellenstärken beeinflusst werden. Wie in Abschnitt 2.2 angedeutet, gibt es viele Ansätze zur dynamischen Wassersimulation, deren Nutzung abhängig ist vom gewünschten optischen Ergebnis sowie der verfügbaren Rechenkapazitäten. Hierzu wurden die Limitierungen im Hinblick auf die Hardwarebasis, den Zeitaufwand und die Anforderungen an den Entwickler der Szene verdeutlicht. Da in der Indie-Version des implementierten Ozeans alle Berechnungen von Scripten ausgeführt werden, leidet in Folge die Performanz. Durch Verlagerung der Physikberechnungen von der CPU auf die GPU kann die Ablauf- und Darstellungsgeschwindigkeit erheblich beschleunigt werden. Die in *Unity3D* integrierte Physics Engine *PhysX* verlagert die Berechnung physikalischer Effekte auf die Grafikkarte und entlastet damit gleichzeitig den Hauptprozessor. Dies erzeugte in Bezug auf die Interaktion der Yacht mit den Wellen (Buoyancy) in diesem Projekt ein Problem. Bei der Berechnung des Ozeans auf der GPU sind die Höhendaten der Wellen nicht greifbar. Insofern kann die Yacht nicht passend zu den Wellen bewegt werden. Ein Lösungsansatz könnte hier die Translation der Eckpunkte des Shaders sein. Hierfür sind allerdings Kenntnisse in der Shader-Programmierung erforderlich. So faszinierend die dynamische Wassersimulation ist, so komplex ist sie auch. Die Weiterentwicklung setzt neben sehr guten Programmierkenntnissen auch physikalisches Hintergrundwissen voraus. An diesen Punkten sollte zur Verbesserung dieses Projektergebnisses angesetzt werden. Dies gilt ebenso im Kontext der Entwicklung des eigenen Ansatzes Ocean Own. Da die Refraktionen, die die optische Qualität entscheidend beeinflussen, über den Shader berechnet werden, ist es zwingend, dass auch der Ocean vom Shader bewegt

wird. Sollen zusätzlich Render Textures[1] verwendet werden, die in Echtzeit generiert und upgedatet werden, ist die *Unity3D Pro* Version notwendig. Darüberhinaus genügt es nicht die Wellen über Sinusberechnungen zu generieren, da der Ocean der Yacht folgen muss, um visuell zu überzeugen. Dafür sollte ein System entwickelt werden, das auf die Translation des Ocean Mesh reagiert und die Kurven entsprechend verschiebt. Die Implementierung eines solchen Systems

---

[1]http://docs.unity3d.com/Documentation/Components/class-RenderTexture.html

ist sehr zeitintensiv und übersteigt, wie bereits erwähnt, den Rahmen dieses Projektes. Weiterhin wurde *UniSky*, ein Echtzeit-Tool zur Darstellung vielfältiger atmosphärischer Effekte, eingesetzt, um durch User Input ansteuerbare Wetterereignisse zu implementieren. Die vorgenommenen Einstellungen sind keine Richtwerte, sie stellen beispielhaft dar wie dynamisches Wetter verwirklicht
werden kann. Die Wettercases können durch andere Einstellungen verändert oder auch in vielerlei Weise erweitert werden, zum Beispiel durch zusätzliche Audio Clips oder Partikeleffekte.

Auch bei der Verwendung eines API-basierten Tools wie *UniSky* ist die Erstellung eines separaten, umfangreichen Scriptes, das die API-Funktionen ansteuert, erforderlich. Abhängig vom gewünschten Grad der Dynamik, ist die Erstellung zusätzlicher Variablen oder Funktionen notwendig, um einen realistischen und funtkionsfähigen Ablauf zu garantieren. Generell ist bei der Verwendung von Packages und Entwicklungstools wie zum Beispiel *UniSky* und *iTween* zu berücksichtigen, dass diese möglicherweise nicht fehlerfrei arbeiten. Der Script Code sollte immer überprüft, gegebenenfalls korrigiert und angepasst werden. Darüberhinaus sollte die mitgelieferte Dokumentation in Frage gestellt werden. Die angegebenen Wertebereiche müssen nicht korrekt sein, wie auch bei *UniSky* festgestellt werden musste. Ebenso traten bei der Verwendung von *iTween* zur Animationserstellung immer wieder nicht nachvollziehbare Bewegungen der Yacht auf, vermutlich hervorgerufen durch inkorrekte Interpolation. Von *iTween* initialisierte Variablen funktionierten nicht wie angegeben und führten zu überwiegend stark fehlerhaften Ergebnissen.

Aufgrund der vielen dynamischen Elemente ergaben sich im Entwicklungsverlauf immer wieder neue Anforderungen und Probleme, die zur Folge hatten, dass GameObjects und die dafür angepassten Komponenten, die bis zu einem bestimmten Punkt einwandfrei miteinander interagierten und funktionierten, komplett ausgetauscht werden mussten. In einigen Fällen wurde erst im fortgeschrittenen Entwicklungsverlauf deutlich, dass mit der Verbindung bestimmter GameObjects und Scripte das gewünschte finale Ergebnis nicht umzusetzen ist. So ist es beispielsweise üblich GameObjects mit Rigidbodies wie Player und animierte Yacht über FixedJoints zu verbinden, um den Player auf der fahrenden Yacht fehlerfrei navigieren zu können. Diese Empfehlung, ebenso wie die Wahl eines Rigidbody für den Player stellte sich als ungeeignet heraus. Desweiteren entstanden erste Entwicklungen des Ozeans unter Verwendung des Prefabs *Water4* aus den *Unity3D* Pro St an d ad A s stes .Da die Pro Lizenz der Game Engine allerdings letztendlich nur in einer zeitlich befristeten Testversion zur Verfügung stand, musste dieses Ergebnis vollständig verworfen und ein neuer Lösungsansatz erarbeitet werden. Bessere Ergebnisse können mit der Pro Version des Programms erreicht werden. So sind beispielsweise die Auswahl der mitgelieferten Standard Assets und darüber hinaus die unterstützen Shader hochwertiger.

Es hat sich gezeigt, dass neben der Wassersimulation als anspruchsvolles Teilgebiet dieses Projektes, die Anpassung der einzelnen Elemente, im Besonderen die Interaktion zwischen Yacht und Ozean, hohe Anforderungen an die Entwicklung stellt. Je mehr dynamische Elemente in Echtzeit aufeinander realistisch reagieren sollen, desto anspruchsvoller ist auch die erfolgreiche softwaretechnische Umsetzung. Die zahlreichen dynamischen Elemente und deren Scripte, die voneinander abhängig sind und ineinander greifen, um die komplette Szene zu generieren, stellen eine sensitiv abhängige "Fehlerquelle" dar. Diese Tatsache ist vergleichbar mit dem Schmetterlingseffekt, der beschreibt, dass in komplexen Systemen eine große Empfindlichkeit auf Veränderungen in den Anfangsbedingungen besteht (Lorenz, 1972). Dabei können im übertragenen Kontext selbst geringfügige Abweichungen oder kleine Ursachen im langfristigen Entwicklungsverlauf zu großen Auswirkungen auf das dynamische System und die Interaktion der Szenenelementen haben.

Bei der Entwicklung dieses ersten softwaretechnischen Entwurfs einer interaktiven, immersiven Simulation entfiel ein Großteil der Zeit auf die Einarbeitung in das Programm und seine Umgebungen wie das Scripting, Testen zahlreicher Ansätze, permanente Recherche, Fehlerkorrektur und Anpassung der anspruchsvollen Komponenten. Für die Weiterentwicklung sollte eine ausreichende Hardwarebasis sowie die *Unity3D* Pro Version zur Verfügung stehen. Zusammenfassend bietet die vorliegende prototypische Simulation sicherlich Verbesserungspotential, kann aber bereits produktiv eingesetzt werden.

Anhang

A Character Motor Script

```
#pragma strict
#pragma implicit
#pragma downcast


var canControl : boolean = true;

var useFixedUpdate : boolean = true;



@System.NonSerialized
var inputMoveDirection : Vector3 = Vector3.zero;


@System.NonSerialized
var inputJump : boolean = false;

class CharacterMotorMovement {

  var maxForwardSpeed : float = 10.0;
  var maxSidewaysSpeed : float = 10.0;
  var maxBackwardsSpeed : float = 10.0;


  var slopeSpeedMultiplier : AnimationCurve =
    AnimationCurve(Keyframe(-90, 1), Keyframe(0, 1), Keyframe(90, 0));


  var maxGroundAcceleration : float = 30.0;
  var maxAirAcceleration : float = 20.0;
```

```
34

36    var gravity : float = 10.0;
      var maxFallSpeed : float = 20.0;
38


40

42
      @System.NonSerialized
44    var collisionFlags : CollisionFlags;

46
      @System.NonSerialized
48    var velocity : Vector3;

50
      @System.NonSerialized
52    var frameVelocity : Vector3 = Vector3.zero;

54    @System.NonSerialized
      var hitPoint : Vector3 = Vector3.zero;
56
      @System.NonSerialized
58    var lastHitPoint : Vector3 = Vector3(Mathf.Infinity , 0, 0);
   }
60
   var movement : CharacterMotorMovement = CharacterMotorMovement();
62
   enum MovementTransferOnJump {
64   None ,
     InitTransfer ,

66   PermaTransfer ,

   |  PermaLocked

68 }

70

   class CharacterMotorJumping {
72
     var enabled : boolean = true;
74
```

```
76    var baseHeight : float = 1.0;

78

      var extraHeight : float = 4.1;
80


82
      var perpAmount : float = 0.0;
84


86
      var steepPerpAmount : float = 0.5;
88


90

92


94    @System.NonSerialized
      var jumping : boolean = false;
96
      @System.NonSerialized
98    var holdingJumpButton : boolean = false;

100

      @System.NonSerialized
102   var lastStartTime : float = 0.0;

104   @System.NonSerialized
      var lastButtonDownTime : float = -100;
106
      @System.NonSerialized
108   var jumpDir : Vector3 = Vector3.up;
    }
110
    var jumping : CharacterMotorJumping = CharacterMotorJumping()
112
    ;class CharacterMotorMovingPlatform {
114   var enabled : boolean = true;
```

```
116    var movementTransfer : MovementTransferOnJump =
          MovementTransferOnJump . PermaTransfer ;

118    @System . NonSerialized
       var hitPlatform  : Transform ;
120
       @System . NonSerialized
122    var activePlatform  : Transform ;

124    @System . NonSerialized
       var activeLocalPoint  : Vector3 ;
126
       @System . NonSerialized
128    var activeGlobalPoint  : Vector3 ;

130    @System . NonSerialized
       var activeLocalRotation  : Quaternion ;
132
       @System . NonSerialized
134    var activeGlobalRotation  : Quaternion ;

136    @System . NonSerialized
       var lastMatrix  : Matrix4x4 ;
138
       @System . NonSerialized
140    var platformVelocity  : Vector3 ;

142    @System . NonSerialized
       var newPlatform  : boolean ;
144 }

146 var movingPlatform : CharacterMotorMovingPlatform =
       CharacterMotorMovingPlatform () ;

148 class CharacterMotorSliding {

150    var enabled  : boolean  =  true ;

152
       var slidingSpeed  : float = 15 ;
154


156

       var sidewaysControl  : float = 1.0 ;
158
```

```
160|

      var  speedControl  :  float = 0.4;
162|}

164| var  sliding  :  CharacterMotorSliding  =  CharacterMotorSliding();

166| @System.NonSerialized
     var  grounded  :  boolean  =  true;
168|
     @System.NonSerialized
170| var  groundNormal  :  Vector3  =  Vector3.zero;

172| private  var  lastGroundNormal  :  Vector3  =  Vector3.zero;

174| private  var  tr  :  Transform;

176| private  var  controller  :  CharacterController;

178| function  Awake  ()  {
        controller  =  GetComponent  (CharacterController);
180|    tr  =  transform;
     }
182|
     private  function  UpdateFunction  ()  {
184|

        var  velocity  :  Vector3  =  movement.velocity;
186|

188|    velocity  =  ApplyInputVelocityChange(velocity);

190|
        velocity  =  ApplyGravityAndJumping  (velocity);
192|

194|    var  moveDistance  :  Vector3  =  Vector3.zero;
        if (MoveWithPlatform()) {
196|      var  newGlobalPoint  :  Vector3  =  movingPlatform.activePlatform.\\
          TransformPoint(movingPlatform.activeLocalPoint);
198|      moveDistance  =  (newGlobalPoint  −  movingPlatform.activeGlobalPoint);
          if (moveDistance != Vector3.zero)
200|        controller.Move(moveDistance);

202|
              var  newGlobalRotation  :  Quaternion  =
              movingPlatform.activePlatform.rotation  ∗
```

```
                movingPlatform.activeLocalRotation;
204             var rotationDiff : Quaternion = newGlobalRotation *
                Quaternion.Inverse(movingPlatform.activeGlobalRotation);

206             var yRotation = rotationDiff.eulerAngles.y;
                if (yRotation != 0) {
208
                    tr.Rotate(0, yRotation, 0);
210             }
        }
212

214     var lastPosition : Vector3 = tr.position;

216


218     var currentMovementOffset : Vector3 = velocity * Time.deltaTime;


220
        var pushDownOffset : float = Mathf.Max(controller.stepOffset,
            Vector3(currentMovementOffset.x, 0,
            currentMovementOffset.z).magnitude);
222     if (grounded)
            currentMovementOffset -= pushDownOffset * Vector3.up;
224

226     movingPlatform.hitPlatform = null;
        groundNormal = Vector3.zero;
228

230     movement.collisionFlags = controller.Move(currentMovementOffset);

232     movement.lastHitPoint = movement.hitPoint;
        lastGroundNormal = groundNormal;
234
        if (movingPlatform.enabled && movingPlatform.activePlatform !=
            movingPlatform.hitPlatform) {
236         if (movingPlatform.hitPlatform != null) {
                movingPlatform.activePlatform = movingPlatform.hitPlatform;
238             movingPlatform.lastMatrix =
                    movingPlatform.hitPlatform.localToWorldMatrix;m
                ovingPlatform.newPlatform = true;
240         }
        }
242
```

```
244

      var oldHVelocity : Vector3 = new Vector3(velocity.x, 0, velocity.z);
246   movement.velocity = (tr.position — lastPosition) / Time.deltaTime;
      var newHVelocity : Vector3 = new Vector3(movement.velocity.x, 0,
         movement.velocity.z);
248


250
      if (oldHVelocity == Vector3.zero) {
252      movement.velocity = new Vector3(0, movement.velocity.y, 0);
      }
254   else {
         var projectedNewVelocity : float = Vector3.Dot(newHVelocity,
            oldHVelocity) / oldHVelocity.sqrMagnitude;
256      movement.velocity = oldHVelocity *
            Mathf.Clamp01(projectedNewVelocity) + movement.velocity.y *
            Vector3.up;
      }
258
      if (movement.velocity.y < velocity.y — 0.001) {
260      if (movement.velocity.y < 0) {


262
         movement.velocity.y = velocity.y;
264      }
         else {
266


268      jumping.holdingJumpButton = false;
      }
270   }

272
      if (grounded && !IsGroundedTest()) {
274      grounded = false;

276
         if (movingPlatform.enabled &&
278         (movingPlatform.movementTransfer ==
            MovementTransferOnJump.InitTransfer ||
```

```
                  movingPlatform.movementTransfer ==
                     MovementTransferOnJump.PermaTransfer)
280        ) {
                movement.frameVelocity = movingPlatform.platformVelocity;
282        movement.velocity += movingPlatform.platformVelocity;
           }
284
           SendMessage("OnFall", SendMessageOptions.DontRequireReceiver);
286


288        tr.position += pushDownOffset * Vector3.up;
       }
290
     else if (!grounded && IsGroundedTest()) {
292        grounded = true;
           jumping.jumping = false;
294        SubtractNewPlatformVelocity();

296        SendMessage("OnLand", SendMessageOptions.DontRequireReceiver);
       }
298


300   if (MoveWithPlatform()) {


302

           movingPlatform.activeGlobalPoint = tr.position + Vector3.up *
              (controller.center.y - controller.height*0.5 + controller.radius);
304        movingPlatform.activeLocalPoint = movingPlatform.activePlatform.\\
           InverseTransformPoint(movingPlatform.activeGlobalPoint);
306

308           movingPlatform.activeGlobalRotation = tr.rotation;
              movingPlatform.activeLocalRotation =
                 Quaternion.Inverse(movingPlatform.activePlatform.rotation) *
                 movingPlatform.activeGlobalRotation;
310   }
   }
312
   function FixedUpdate () {
314   if (movingPlatform.enabled) {
        if (movingPlatform.activePlatform != null) {
316      if (!movingPlatform.newPlatform) {
            var lastVelocity : Vector3 = movingPlatform.platformVelocity;
```

```
318
              movingPlatform.platformVelocity = (
320             movingPlatform.activePlatform.localToWorldMatrix.\\
                MultiplyPoint3x4(movingPlatform.activeLocalPoint)
322             - movingPlatform.lastMatrix.\\
                MultiplyPoint3x4(movingPlatform.activeLocalPoint)
324           ) / Time.deltaTime;
            }
326         movingPlatform.lastMatrix =
                movingPlatform.activePlatform.localToWorldMatrix;m
            ovingPlatform.newPlatform = false;
328     }
        else {
330         movingPlatform.platformVelocity = Vector3.zero;
        }
332   }

334   if (useFixedUpdate)
        UpdateFunction();
336 }

338 function Update () {
      if (!useFixedUpdate)
340     UpdateFunction();
    }
342
    private function ApplyInputVelocityChange (velocity  : Vector3) {
344   if (!canControl)
        inputMoveDirection = Vector3.zero;
346

348   var desiredVelocity : Vector3;
      if (grounded && TooSteep()) {
350
        desiredVelocity = Vector3(groundNormal.x, 0,
          groundNormal.z).normalized;
352

        var projectedMoveDir = Vector3.Project(inputMoveDirection,
          desiredVelocity);
354

        desiredVelocity = desiredVelocity + projectedMoveDir *
          sliding.speedControl + (inputMoveDirection - projectedMoveDir) *
          sliding.sidewaysControl;
356
        desiredVelocity *= sliding.slidingSpeed;
```

```
358      }
      else
360        desiredVelocity = GetDesiredHorizontalVelocity();

362    if (movingPlatform.enabled && movingPlatform.movementTransfer ==
          MovementTransferOnJump.PermaTransfer) {
        desiredVelocity += movement.frameVelocity;
364      desiredVelocity.y = 0;
      }
366
      if (grounded)
368        desiredVelocity = AdjustGroundVelocityToNormal(desiredVelocity,
          groundNormal);
      else
370        velocity.y = 0;

372
      var maxVelocityChange : float = GetMaxAcceleration(grounded) *
        Time.deltaTime;
374    var velocityChangeVector : Vector3 = (desiredVelocity - velocity);
      if (velocityChangeVector.sqrMagnitude > maxVelocityChange *
        maxVelocityChange) {
376      velocityChangeVector = velocityChangeVector.normalized *
          maxVelocityChange;
      }
378


380    if (grounded || canControl)
        velocity += velocityChangeVector;
382
      if (grounded) {
384


386


        velocity.y = Mathf.Min(velocity.y, 0);
388    }

390    return velocity;
    }
392
  private function ApplyGravityAndJumping (velocity : Vector3) {
394
```

```
      if (!inputJump || !canControl) {
396     jumping.holdingJumpButton = false;
        jumping.lastButtonDownTime = -100;
398   }

400   if (inputJump && jumping.lastButtonDownTime < 0 && canControl) j
        umping.lastButtonDownTime = Time.time;
402
      if (grounded)
404     velocity.y = Mathf.Min(0, velocity.y) - movement.gravity *
          Time.deltaTime;
      else {
406     velocity.y = movement.velocity.y - movement.gravity * Time.deltaTime;
408


410     if (jumping.jumping && jumping.holdingJumpButton) {

412

          if (Time.time < jumping.lastStartTime + jumping.extraHeight /
            CalculateJumpVerticalSpeed(jumping.baseHeight)) {
414
            velocity += jumping.jumpDir * movement.gravity * Time.deltaTime;
416       }
        }
418

420     velocity.y = Mathf.Max (velocity.y, -movement.maxFallSpeed);
      }
422
      if (grounded) {
424


426|


428|
```

```
       if (jumping.enabled && canControl && (Time.time -
          jumping.lastButtonDownTime < 0.2)) {
430       grounded = false;
          jumping.jumping = true;
432       jumping.lastStartTime = Time.time;
          jumping.lastButtonDownTime = -100;
434       jumping.holdingJumpButton = true;

436
          if (TooSteep())
438         jumping.jumpDir = Vector3.Slerp(Vector3.up, groundNormal,
               jumping.steepPerpAmount);
          else
440         jumping.jumpDir = Vector3.Slerp(Vector3.up, groundNormal,
               jumping.perpAmount);

442
          velocity.y = 0;
444       velocity += jumping.jumpDir * CalculateJumpVerticalSpeed
             (jumping.baseHeight);

446
          if (movingPlatform.enabled &&
448        (movingPlatform.movementTransfer ==
               MovementTransferOnJump.InitTransfer  |
             | movingPlatform.movementTransfer ==
               MovementTransferOnJump.PermaTransfer)
450       ) {
            movement.frameVelocity = movingPlatform.platformVelocity;
452         velocity += movingPlatform.platformVelocity;
          }
454
          SendMessage("OnJump", SendMessageOptions.DontRequireReceiver);
456    }
       else {
458      jumping.holdingJumpButton = false;
        }
460   }

462   return velocity;
   }
464
   function OnControllerColliderHit (hit : ControllerColliderHit) {
466   if (hit.normal.y > 0 && hit.normal.y > groundNormal.y &&
        hit.moveDirection.y < 0) {
```

```
            if ((hit.point - movement.lastHitPoint).sqrMagnitude > 0.001 ||
               lastGroundNormal == Vector3.zero)
468            groundNormal = hit.normal;
            else
470            groundNormal = lastGroundNormal;

472        movingPlatform.hitPlatform = hit.collider.transform;
           movement.hitPoint = hit.point;
474        movement.frameVelocity = Vector3.zero;
        }
476 }

478 private function SubtractNewPlatformVelocity () {


480
        if (movingPlatform.enabled &&
482        (movingPlatform.movementTransfer ==
               MovementTransferOnJump.InitTransfer |
            | movingPlatform.movementTransfer ==
               MovementTransferOnJump.PermaTransfer)
484     ) {


486
           if (movingPlatform.newPlatform) {
488            var platform : Transform = movingPlatform.activePlatform;
               yield WaitForFixedUpdate();
490            yield WaitForFixedUpdate();
               if (grounded && platform == movingPlatform.activePlatform)
492                yield 1;
           }
494        movement.velocity -= movingPlatform.platformVelocity;
        }
496 }

498 private function MoveWithPlatform () : boolean {
        return (
500        movingPlatform.enabled
           && (grounded || movingPlatform.movementTransfer ==
               MovementTransferOnJump.PermaLocked)
502        && movingPlatform.activePlatform != null
        );
504 }

506 private function GetDesiredHorizontalVelocity () {
```

```
508    var desiredLocalDirection : Vector3 =
          tr.InverseTransformDirection(inputMoveDirection);
       var maxSpeed : float = MaxSpeedInDirection(desiredLocalDirection);
510    if (grounded) {

512      var movementSlopeAngle = Mathf.Asin(movement.velocity.normalized.y)
            * Mathf.Rad2Deg;
         maxSpeed *=
            movement.slopeSpeedMultiplier.Evaluate(movementSlopeAngle);
514    }
       return tr.TransformDirection(desiredLocalDirection * maxSpeed);
516 }

518 private function AdjustGroundVelocityToNormal (hVelocity : Vector3,
       groundNormal : Vector3) : Vector3 {
       var sideways : Vector3 = Vector3.Cross(Vector3.up, hVelocity);
520    return Vector3.Cross(sideways, groundNormal).normalized *
          hVelocity.magnitude;
    }
522
    private function IsGroundedTest () {
524    return (groundNormal.y > 0.01);
    }
526
    function GetMaxAcceleration (grounded : boolean) : float {
528
       if (grounded)
530      return movement.maxGroundAcceleration;
       else
532      return movement.maxAirAcceleration;
    }
534
    function CalculateJumpVerticalSpeed (targetJumpHeight : float) {
536
538    return Mathf.Sqrt (2 * targetJumpHeight * movement.gravity);
    }
540
    function IsJumping () {
542    return jumping.jumping;
    }
544
    function IsSliding () {
546    return (grounded && sliding.enabled && TooSteep());
    }
548
    function IsTouchingCeiling () {
```

```
550    return (movement.collisionFlags & CollisionFlags.CollidedAbove) != 0;
   }

552
   function IsGrounded () {
554    return grounded;
   }

556
   function TooSteep () {
558    return (groundNormal.y <= Mathf.Cos(controller.slopeLimit *
        Mathf.Deg2Rad));
   }
560
   function GetDirection () {
562    return inputMoveDirection;
   }
564
   function SetControllable (controllable : boolean) {
566    canControl = controllable;
   }
568


570
   function MaxSpeedInDirection (desiredMovementDirection : Vector3) :
     float {
572    if (desiredMovementDirection == Vector3.zero)
        return 0;
574    else {
        var zAxisEllipseMultiplier : float = (desiredMovementDirection.z > 0
          ? movement.maxForwardSpeed : movement.maxBackwardsSpeed) /
          movement.maxSidewaysSpeed;
576      var temp : Vector3 = new Vector3(desiredMovementDirection.x, 0,
          desiredMovementDirection.z / zAxisEllipseMultiplier).normalized;v
        ar length : float = new Vector3(temp.x, 0, temp.z *
          zAxisEllipseMultiplier).magnitude * movement.maxSidewaysSpeed;
578      return length;
     }
580 }

582 function SetVelocity (velocity : Vector3) {
     grounded = false;
584  movement.velocity = velocity;
     movement.frameVelocity = Vector3.zero;
586  SendMessage("OnExternalVelocity");
   }
```

Abbildungsverzeichnis

Quellcodeverzeichnis

Literaturverzeichnis

Balazs, B. (1938). Zur Kunstphilosophie des Films. Texte zur Theorie des Films. Hrsg. von Franz-Josef Albersmeier, 3, 201–223.

Barton, M. (2008). How's the weather: Simulating weather in virtual environments. Game Studies, 8 (1).

Beier, K.-P. (2000). Web-based virtual reality in design and manufacturing applications. In Proceedings of compit (S. 45–55).

Brooks Jr, F. P. (1999). What's real about virtual reality? Computer Graphics and Applications, IEEE, 19 (6), 16–27.

Bruneton, E., Neyret, F. & Holzschuch, N. (2010). Real-time realistic ocean lighting using seamless transitions from geometry to brdf. In Computer graphics forum (Bd. 29, S. 487–496).

Butz, A., Malaka, R. & Hußmann, H. (2009). Medieninformatik: Eine Einführung. Pearson Deutschland GmbH.

Chen, X. (2013). Real-time physics based simulation for 3d computer graphics. Unveröffentlichte Dissertation, Georgia State University.

Cords, H. (2009). Physikalisch-basierte Simulation von Flüssigkeiten in interaktiven Umgebungen. Unveröffentlichte Dissertation, Rostock, Univ., Diss., 2009.

Daemisch, K.-F. (o. J.). Virtuelle Realitaet schafft reale Wettbewerbsvorteile. Zugriff am 12.04.2014 auf www.ingenieur.de/Branchen/Maschinen-Anlagenbau/VirtuelleRealitaetschafftrealeWettbewerbsvorteile

Elfouhaily, T., Chapron, B., Katsaros, K. & Vandemark, D. (1997, July). A unified directional spectrum for long and short wind-driven waves. Journal of Geophysical Research: Oceans (1978–2012), 102 (C7), 15781–15796.

Enright, D., Marschner, S. & Fedkiw, R. (2002). Animation and rendering of complex water surfaces. ACM Transactions on Graphics (TOG), 21 (3), 736–744.

Fréchot, J. (2006). Realistic simulation of ocean surface using wave spectra. Realistic simulation of ocean surface using wave spectra, 76–83.

Goldstone, W. (2009). Unity Game Development Essentials. Packt Publishing Ltd.

Heise. (o. J.). Artikel Archiv c't. Zugriff am 12.04.2014 auf http://www.heise.de/artikel-archiv/ct/2012/24/102_Aufgesetzt

Hiltzik, M. A. & Pham, A. (2001). Synthetic actors guild. Los Angeles Times, 8, 1–6.

Johanson, C. & Lejdfors, C. (2004). Real-time water rendering. Unveröffentlichte Diplomarbeit, Lund University.

Liebmann, T. (2013). Simulation von Wasser.

Lischka, K. (o. J.). Oculus Rift. So gut funktioniert die Virtual Reality Brille. Zugriff am 01.04.2014 auf http://www.spiegel.de/netzwelt/games/oculus-rift-so-gut-funktioniert-die-virtual-reality-brille-a-906330.html

Lorenz, E. (1972). Predictability: Does the flap of a butterfly's wings in brazil set off a tornado in texas. American Association for the Advancement of Science, Washington, DC.

McLellan, H. (1996). Virtual realities. Handbook of research for educational communications and technology, 457–487.

Menard, M. (2011). Game Development with Unity. Cengage Learning.

Mujber, T., Szecsi, T. & Hashmi, M. (2004). Virtual reality applications in manufacturing process simulation. Journal of materials processing technology, 155, 1834–1838.

Murray, J. H. (1997). Hamlet on the holodeck: The future of narrative in cyberspace. Simon and Schuster.

Scherge, M. (2000). Hydrostatik. GRIN Verlag GmbH München, Deutschland.

Slater, M. & Wilbur, S. (1997). A framework for immersive virtual environments (five): Speculations on the role of presence in virtual environments. Presence: Teleoperators and virtual environments, 6 (6), 603–616.

Stapelkamp, T. (2010). Interaction-und Interfacedesign: Web-, Game-, Produkt-und Servicedesign: Usability und Interface als Corporate Identity. Springer.

Steurer, S. (1996). Schöne neue Wirklichkeiten: die Herausforderung der virtuellen Realität. facultas. wuv/maudrich.

Sturm, M. (2009). Einsatz von Virtual Reality (VR) in der Produktentwicklung (Band 2). Universität Duisburg-Essen Duisburg, Deutschland.

Sutherland, I. E. (1965). The ultimate display. In Proceedings of the congress of the internation federation of information processing (ifip) (Bd. 2, S. 506–508).

Tessendorf, J. (2001). Simulating ocean water. Simulating Nature: Realistic and Interactive Techniques. SIGGRAPH, 1.

Unity3D. (o. J.). Unity3D Documentation. Zugriff am 12.04.2014 auf http://unity3d.com/learn/documentation

Yeo, D. J., Cha, M. & Mun, D. (2012). Simulating ship and buoy motions arising from ocean waves in a ship handling simulator. Simulation, 88 (12), 1407–1418.